胡适作品系列

胡适作品系列

有几分证据说几分话：
胡适谈治学方法

图书在版编目（CIP）数据

有几分证据说几分话：胡适谈治学方法/胡适著．—北京：北京大学出版社，2014.3

（胡适作品系列）

ISBN 978-7-301-23662-8

Ⅰ.①有… Ⅱ.①胡… Ⅲ.①胡适(1891—1962)-治学方法 Ⅳ.①G795

中国版本图书馆 CIP 数据核字 (2013) 第 311429 号

书　　　　名：	有几分证据说几分话：胡适谈治学方法
著作责任者：	胡　适　著
责 任 编 辑：	张文礼
标 准 书 号：	ISBN 978-7-301-23662-8/I·2697
出 版 发 行：	北京大学出版社
地　　　　址：	北京市海淀区成府路 205 号　100871
网　　　　址：	http：//www.pup.cn　新浪官方微博：@北京大学出版社
电 子 信 箱：	pkuwsz@126.com
电　　　　话：	邮购部 62752015　发行部 62750672
	编辑部 62767315　出版部 62754962
印　　刷　者：	北京中科印刷有限公司
经　　销　者：	新华书店
	890 毫米×1240 毫米　32 开本　6.75 印张　158 千字
	2014 年 3 月第 1 版　2021 年 5 月第 5 次印刷
定　　　　价：	39.00 元

未经许可，不得以任何方式复制或抄袭本书之部分或全部内容。
版权所有，侵权必究
举报电话：010-62752024　电子信箱：fd@pup.pku.edu.cn

1957年胡适在美国纽约寓所。

《国学季刊》编委会成员合影。左起徐炳昶、沈兼士、马衡、胡适、顾颉刚、朱希祖、陈垣。

胡适与他的塑像。

胡适与他的秘书胡颂平。

1959年1月,胡适(右二)与梅贻琦(右一)、蒋梦麟(左二)等在台湾中南部参观地方建设时留影。

有一分證據,說一分話.
胡適

大膽的假設,小心的求證.
適

胡适手迹。这是两句胡适喜欢的治学格言。

出版说明

胡适是20世纪中国最具国际声誉的学者、思想家和教育家。他在文、史、哲等学科取得了巨大的成就,是"五四"以来影响中国文化学术最深的历史人物。他活跃于社会政治领域,是中国自由主义最具诠释力的思想家。他在美国、英国、加拿大等欧美国家荣获三十五个名誉博士学位,是最具国际影响的中国学者。胡适生前在北京大学从事教学工作时间长达十八年之久,曾任北京大学文学院院长、校长等职。他对北大情有独钟,遗嘱中交待将他留在大陆的书籍和文件捐赠给北大图书馆。为反映这位文化巨人一生博大精深的文化建树,本社在北大百年校庆的1998年曾隆重推出一套大型胡适作品集——《胡适文集》(十二册),对所收作品均作了文字订正和校刊,其中有一部分作品,采用了胡适本人后来的校订本或北大的收藏本,具有很高的文献价值,受到学界和广大读者的欢迎。

因早已售缺,多年来,一直有要求重印的呼声。此次重印,此套书的编者著名胡适研究专家欧阳哲生先生又精心做了许多工作，包括对照已出各种版本的优长，重核胡适本人原始和修订版的文字等，力求呈现最接近大师本人原意的文字面貌。为方便读者阅读，我们从《胡适文集》之中精选部分内容，另外推出"胡适作品系列"。

在治学方法上，胡适深受其师杜威的实用主义的影响，将其归纳为"细心搜求事实，大胆提出假设，再细心求实证"，在《清代学者的治学方法》中指出："他们用的方法，总括起来，只是两点。（1）大胆的假设，（2）小心的求证。"总之，"有一分证据说一分话"。本书收录了胡适谈治学方法的代表性文章。

由于所处环境不同，研究视角与方法不同，因此本书对某些具体问题的描述和解释，与内地通行的说法有不尽相同之处，对这些说法，我们未作删改，这并不代表我们完全同意作者的说法，请读者在阅读时认真鉴别。本书的人名、地名、标点等，有的与现行用法不同，为保存原貌，亦未加修改。

限于编辑水平，难免存在错漏之处，欢迎读者多提宝贵意见。

北京大学出版社
2013年12月

目 录

"有几分证据说几分话"——致罗尔纲　　/ 1
治学"四字诀"——复陈之藩　　/ 4
治学的方法与材料　　/ 9
考据学的责任与方法　　/ 25
整理国故与"打鬼"——给浩徐先生信　　/ 40
《国学季刊》发刊宣言　　/ 52
古史讨论的读后感　　/ 72
清代学者的治学方法　　/ 85
一个最低限度的国学书目　　/ 120
《中国哲学史大纲》导言　　/ 173

"有几分证据说几分话"[1]
——致罗尔纲

尔纲：

我在《史学》(《中央日报》)第十一期上看见你的《清代士大夫好利风气的由来》，很想写几句话给你。

这种文章是做不得的。这个题目根本就不能成立。管同、郭嵩焘诸人可以随口乱道，他们是旧式文人，可以"西汉务利、东汉务名、唐人务利、宋人务名"一类的胡说。我们做新式史学的人，切不可这样胡乱作概括论断。西汉务利，有何根据？东汉务名，有何根据？前人但见东汉有党锢、清议等风气，就妄下断语以为东汉重气节。然卖官鬻爵之制，东汉何尝没有？"铜臭"之故事，岂就忘之？

---

[1] 此信写于1936年6月23日。题目为编者所加。

名利之求，何代无之？后世无人作"货殖传"，然岂可就说后代无陶朱、猗顿了吗？西汉无太学清议，唐与元亦无太学党锢，然岂可谓西汉、唐、元之人不务名耶？

要知杨继盛、高攀龙诸人固然是士大夫，严嵩、严世蕃、董其昌诸人以及那无数歌颂魏忠贤的人，独非"士大夫"乎？

凡清议最激昂的时代，往往恰是政治最贪污的时代，我们不能说东林代表明代士大夫，而魏忠贤门下的无数干儿子孙子就不代表士大夫了。

明代官绅之贪污，稍治史者多知之。贫士一旦中进士，则奸人滑吏纷纷来投靠，土地田宅皆可包庇抗税，"士大夫"恬然视为故常，不以为怪。务利固不自清代始也。

你常作文字，固是好训练，但文字不可轻作，太轻易了就流为"滑"，流为"苟且"。

我近年教人，只有一句话："有几分证据，说几分话。"有一分证据只可说一分话。有三分证据，然后可说三分话。治史者可以作大胆的假设，然而决不可作无证据的概论也。

又在《益世报·史学》二十九期见"幼梧"之《金石萃编唐碑补订偶记》，似是你作的？此种文字可以作，作此种文字就是训练。

偶尔冲动,哓哓至几百字,幸勿见怪。

适 之

(原载罗尔纲《师门五年记》1944年6月桂林建设书店出版)

治学"四字诀"[1]
——复陈之藩

之藩:

对不起!你的四月十六日的长信,我还没答复,你提出的问题太不容易答复。那是迟迟不答的真原因。

主要的说明是人性的不同,James所谓哲学的派别争论其实却由于有hard-nindcd与soft-minded两大区别。费密(明末清初人)也指出人"沈潜刚克"与"高明柔克"的两大类(但他加上"平康正直"[中行]第三类)。

同样重要,而稍次一等的,是每个人一生的训练,训练是"一言难尽"的,是"终身以之"的,是随时随地不可放松的,——所谓"造次必于是,颠沛必于是"。平日的训

---

[1] 题目为编者所加。

练,一旦偶然放松,人的性情或早年先入的成见就无意中流露出来了。

例如,Sir Oliver Lodge治物理学,那是他的训练。他信鬼,信灵魂,那就是性情流露与他的训练没有大关系

我在《丁传》里(页五五——五九,九七——一〇七)(指出他的"宗教"见解,他用动物学知识来说明来证明!)他所谓"宗教"(即"为全种万世而牺牲个体一时的天性"),我曾指出他这个宗教见解,在无形之中,曾影响他对于苏俄革命及所谓"新式的独裁"的看法。这是性情的表现,其实同他的动物学与地质学无大关系。

我平生留意方法的问题,方法是可以训练的。这种训练正是我所谓"随时随地不可放松的"。你所说"胡先生的看法常常是无大误",很可能的是这种训练的一点点成绩,也就是你所谓"由于你的谨严的精神"。

你曾看见我写给王重民的一封信吗?(曾发在抗战时期的《图书季刊》新五卷一期。)我在那篇短文里,曾用古人论从政(做官)的四字诀来说明"治学方法"。那四个字是"勤、谨、和、缓。"

勤即是眼勤、手勤——即是"上穷碧落下黄泉"的勤求材料,勤求事实,勤求证据。

谨即是一丝一毫不苟且,不潦草,举一例,立一证,下

一结论,都不苟且,即是谨,即是"敬慎"。

其余两字,同样重要,你好像不大注意到。"和",我解作"心平气和",解作"平心静气",解作"虚心体察"。(西方宗教所谓humility,其实并不十分humble,平心考查一切不合吾意的事实和证据,抛开成见,跟着证据走,服从人,"和"之至也。)

"缓"字在治学方法上也十分重要。其意义只是从容研究,莫急于下结论。证据不充分时,姑且凉凉去,姑且悬而不断(suspending one's judgment)。

所以我中年以来,常用这四字诀教人,常说,科学方法不是科学家独得或独占的治学方法,只是人类的常识加上良好的训练,养成良好的工作习惯,养成勤、谨、和、缓等良好的习惯,治学自然有好成绩。

现在可以谈谈你所谓"情感"、"真实情感"、"一团火"等等名件了。

因为我注意良好的工作习惯,因为我特别重视"和""缓"两种美德(良好习惯),所以我很感觉"情感""火焰"等等在做学问的过程上是当受"和"与"缓"的制裁的。

我所谓"随时随地不可放松"的训练自己,其中一个重要"场合"就是我常说的"正谊的火气"。我最佩服的两位近代学名, 王国维先生与孟森先生,他们研究史学,曾有很大的成就,但他们晚年写了许多关于"水经注疑案"的文字却不免动了"正谊的火气",所以都陷入了很幼稚的错误,——其结果竟至于诬告古人作贼,而自以为主持"正谊"。毫无事实证据,而自以为是做"考据"!

其实现代许多赞成列宁、斯太林那一套的知识分子,他们最吃亏的,我想还是他们对于社会问题某方面的一点"正谊的火气"罢?

所以你说,读我的文字"连一朵火焰也看不见"这是很大的赞美辞,我怕很少人能承当。我是不敢承当的。

你说,清代三百年的考据时代"主要是因为不自由的环境下,不能由人随便说出真心的感情……"这其实是妄说,不可误信。考据的学风是两宋(北宋、南宋)就开始了的,并不是近三百年的事。欧阳修的《集古录》,司马光《通鉴考异》,赵明诚《金石录》,朱熹、洪适、洪迈,并不必"把情感压下去",他们是考据学的开山人,因为他们生在学术发达时代,感觉有辨别是非真伪的必要,才运用他们的稍加训练纪律的常识,用证据来建立某些新发现的事实。这才是考据学的来源。

这种辨别是非真伪的热情,也是一种情感,并且是一种有大力量——也有火焰——的情感。

试读崔述的《考信录提要》或戴震的《孟子字义疏

证》，你一定会感到火焰的热力。

故我不赞成你说的"考证的路"确实是科学的，然而"并非健康的"。你仔细想想，那有"确实是科学的"东西而"并非健康的"！

你举的Einstein的故事，大概是不可靠的。Einstein是天才和训练和合的人物，但他在某些方面稍稍放松他的言论，就不足为训了。

不写了，祝你好。

胡适　一九五七，五月，二日
（陈之藩《在春风里》，台北文星出版社1962年版）

治学的方法与材料

现在有许多人说：治学问全靠有方法；方法最重要，材料却不很重要。有了精密的方法，什么材料都可以有好成绩。粪同溺可以作科学的分析，《西游记》同《封神演义》可以作科学的研究。

这话固然不错。同样的材料，无方法便没有成绩，有方法便有成绩，好方法便有好成绩。例如我家里的电话坏了，我箱子里尽管有大学文凭，架子上尽管有经史百家，也只好束手无法，只好到隔壁人家去借电话，请电话公司派匠人来修理。匠人来了，他并没有高深学问，从没有梦见大学讲堂是什么样子。但他学了修理电话的方法，一动手便知道毛病在何处，再动手便修理好了。我们有博士头衔的人只好站在旁边赞叹感谢。

但我们却不可不知道这上面的说法只有片面的真理。同样的材料,方法不同,成绩也就不同。但同样的方法,用在不同的材料上,成绩也就有绝大的不同。这个道理本很平常,但现在想做学问的青年人似乎不大了解这个极平常而又十分要紧的道理,所以我觉得这个问题有郑重讨论的必要。

科学的方法,说来其实很简单,只不过"尊重事实,尊重证据"。在应用上,科学的方法只不过"大胆的假设,小心的求证"。

在历史上,西洋这三百年的自然科学都是这种方法的成绩;中国这三百年的朴学也都是这种方法的结果。顾炎武、阎若璩的方法,同葛利略(Galileo)、牛敦(Newton)的方法,是一样的。他们都能把他们的学说建筑在证据之上。戴震、钱大昕的方法,同达尔文(Darwin)、柏司德(Pasteur)的方法,也是一样的:他们都能大胆地假设,小心地求证(参看《胡适文存》初排本卷二,《清代学者的治学方法》,页二〇五——二四六)。

中国这三百年的朴学成立于顾炎武同阎若璩;顾炎武的导师是陈第,阎若璩的先锋是梅鷟。陈第作《毛诗古音考》(1601—1606),注重证据;每个古音有"本证",有"旁证";本证是《毛诗》中的证据,旁证是引别种古书来证《毛诗》。如他考"服"字古音"逼",共举了本证十四条,旁证十条。顾炎武的《诗本音》同《唐韵正》都用同样的方法。《诗本音》于"服"字下举了三十二条证据,《唐韵证》于"服"字下举了一百六十二条证据。

梅鷟是明正德癸酉(1513)举人,著有《古文尚书考异》,处处用证据来证明伪《古文尚书》的娘家。这个方法到了阎若璩的手里,运用更精熟了,搜罗也更丰富了,遂成为《尚书古文疏证》,遂定了伪古文的铁案。有人问阎氏的考证学方法的指要,他回答道:

不越乎"以虚证实,以实证虚"而已。

他举孔子适周之年作例。旧说孔子适周共有四种不同的说法:

(1)昭公七年(《水经注》)
(2)昭公二十年(《史记·孔子世家》)
(3)昭公二十四年(《史记索隐》)
(4)定公九年(《庄子》)

阎氏根据《曾子问》里说孔子从老聃助葬恰遇日食一

条,用算法推得昭公二十四年夏五月乙未朔日食,故断定孔子适周在此年。(《尚书古文疏证》卷八,第一百二十条)

这都是很精密的科学方法。所以"亭林、百诗之风"造成了三百年的朴学。这三百年的成绩有声韵学,训诂学,校勘学,考证学,金石学,史学,其中最精采的部分都可以称为"科学的";其间几个最有成绩的人,如钱大昕、戴震、崔述、王念孙、王引之、严可均,都可以称为科学的学者。我们回顾这三百年的中国学术,自然不能不对这班大师表示极大的敬意。

然而从梅鷟的《古文尚书考异》到顾颉刚的《古史辨》,从陈第的《毛诗古音考》到章炳麟的《文始》,方法虽是科学的,材料却始终是文字的。科学的方法居然能使故纸堆里大放光明,然而故纸的材料终久限死了科学的方法,故这三百年的学术也只不过文字的学术,三百年的光明也只不过故纸堆的火焰而已!

我们试回头看看西洋学术的历史。

当梅鷟的《古文尚书考异》成书之日,正哥白尼(Copernicus)的天文革命大著出世(1543)之时。当陈第的《毛诗古音考》成书的第三年(1608),荷兰国里有三个磨镜工匠同时发明了望远镜。再过一年(1609),意大利的葛利略(Galileo)也造出了一座望远镜,他逐渐改良,一年之中,他的镜子便成了欧洲最精的望远镜。他用这镜子发现了木星的卫星,太阳的黑子,金星的光态,月球上的山谷。

葛利略的时代,简单的显微镜早已出世了。但望远镜发明之后,复合的显微镜也跟着出来。葛利略死(1642)后二三十年,荷兰有一位磨镜的,名叫李文厚(Leeuwenhoek),天天用他自己做的显微镜看细微的东西。什么东西他都拿来看看,于是他在蒸溜水里发现了微生物,鼻涕里和痰唾里也发现了微生物,阴沟臭水里也发现了微生物,微菌学从此开始了。这个时候(1675)正是顾炎武的《音学五书》成书的时候,阎若璩的《古文尚书疏证》还在著作之中。

从望远镜发现新天象(1609)到显微镜发现微菌(1675),这五六十年之间,欧洲的科学文明的创造者都出来了。试看下表:

	中　国	欧　洲
1606	陈第《古音考》。	
1608		荷兰人发明望远镜。
1609		葛利略的望远镜。
		解白勒（Kepler）发表他的火星研究，宣布行星运行的两条定律。
1610	黄宗羲生。	
1613	顾炎武生。	
1614		奈皮尔（Napier）的对数表。
1619	王夫之生。	解白勒的行星第三律。
1618—21		解白勒的《哥白尼天文学要指》。
1623	毛奇龄生。	
1625	费密生。	
1626		倍根死。
1628	用西法修新历。	哈维（Harvey）的《血液运行论》。
1630		葛利略的《天文谈话》。
		解白勒死。
1633		葛利略因天文学受异端审判。
1635	颜元生。	
1636	阎若璩生。	
1637	宋应星的《天工开物》。	
		笛卡儿（Descartes）的《方法论》，发明解析几何。
1638		葛利略的《科学的两新支》。
1640	徐霞客（宏祖）死。	

	中　国	欧　洲
1642		葛利略死，牛敦生。
1644		葛利略的弟子佗里杰利（Torri-celli）用水银试验空气压力，发明气压计的原理。
1655	阎若璩开始作《尚书古文疏证》，积三十余年始成书。	
1657	顾炎武注《韵补》。	
1660		英国皇家学会成立。化学家波耳（Boyle）发表他的气体新试验（波耳氏律）。
1661		波耳的《怀疑的化学师》。
1664	废八股。	
1665		牛敦发明微分学。
1666	顾炎武的《韵补正》成。	牛敦发明白光的成分。
1667	顾炎武的《音学五书》成。	
1669	复八股。	
1670	顾炎武初刻《日知录》八卷。	
1675		李文厚用显微镜发现微生物。
1676	顾炎武《日知录》自序。	
1680	顾炎武《音学五书》后序。	
1687		牛敦的杰作《自然哲学原理》。

我们看了这一段比较年表,便可以知道中国近世学术和西洋近世学术的划分都在这几十年中定局了。在中国方面,除了宋应星的《天工开物》一部奇书之外,都只是一些纸上的学问;从八股到古音的考证固然是一大进步,然而终久还是纸上的工夫。西洋学术在这几十年中便已走上了自然科学的大路了。顾炎武、阎若璩规定了中国三百年的学术的局面;葛利略、解白勒、波耳、牛敦规定了西洋三百年的学术的局面。

他们的方法是相同的,不过他们的材料完全不同。顾氏、阎氏的材料全是文字的,葛利略一班人的材料全是实物的。文字的材料有限,钻来钻去,总不出这故纸堆的范围;故三百年的中国学术的最大成绩不过是两大部《皇清经解》而已。实物的材料无穷,故用望远镜观天象,而至今还有无穷的天体不曾窥见;用显微镜看微菌,而至今还有无数的微菌不曾寻出。但大行星已添了两座,恒星之数已添到十万万以外了!前几天报上说,有人正在积极实验同火星通信了。我们已知道许多病菌,并且已知道预防的方法了。宇宙之大,三百年中已增加了几十万万倍了;平均的人寿也延长了二十年了。

然而我们的学术界还在烂纸堆里翻我们的斤斗。

不但材料规定了学术的范围,材料并且可以大大地影响方法的本身。文字的材料是死的，故考证学只能跟着材料走，虽然不能不搜求材料，却不能捏造材料。从文字的校勘以至历史的考据，都只能尊重证据，却不能创造证据。

自然科学的材料便不限于搜求现成的材料，还可以创造新的证据。实验的方法便是创造证据的方法。平常的水不会分解成轻气养气；但我们用人功把水分解成轻气和养气，以证实水是轻气和养气合成的。这便是创造不常有的情境，这便是创造新证据。

纸上的材料只能产生考据的方法；考据的方法只是被动的运动材料。自然科学的材料却可以产生实验的方法；实验便不受现成材料的拘束，可以随意创造平常不可得见的情境，逼拶出新结果来。考证家若没有证据，便无从做考证；史家若没有史料，便没有历史。自然科学家便不然。肉眼看不见的，他可以用望远镜，可以用显微镜。生长在野外的，他可以叫他生长在花房里；生长在夏天的，他可以叫他生在冬天。原来在人身上的，他可以移种在兔身上，狗身上。毕生难遇的，他可以叫他天天出现在眼前；太大了的，他可以缩小；整个的，他可以细细分析；复杂的，他可以化为简单；太少了的，他可以用人功培植增加。

故材料的不同可以使方法本身发生很重要的变化。实验的方法也只是大胆的假设，小心的求证；然而因为材料的性质，实验的科学家便不用坐待证据的出现，也不仅仅寻求证据，他可以根据假设的理论，造出种种条件，把证据逼出来。故实验的方法只是可以自由产生材料的考证方法。

葛利略二十多岁时，在本地的高塔上抛下几种重量不同的物件，看他们同时落地，证明了物体下坠的速率并不依重量为比例，打倒了几千年的谬说。这便是用实验的方法去求证据。他又做了一块板，长十二个爱儿（每个爱儿长约四英尺），板上挖一条阔一寸的槽。他把板的一头垫高，用一个铜球在槽里滚下去，他先记球滚到底的时间，次记球滚到全板四分之一的时间。他证明第一个四分之一的速度最慢，需要全板时间的一半。越滚下去，速度越大。距离的相比等于时间的平方的相比。葛利略这个试验总做了几百次，他试过种种不同的距离，种种不同的斜度，然后断定物体下坠的定律。这便是创造材料，创造证据。平常我们所见物体下坠，一瞬便过了，既没有测量的机会，更没有比较种种距离和种种斜度的机会。葛氏的试验便是用人力造出种种可以测量，可以比较的机会。这便是新力学的基础。

哈维研究血的循环，也是用实验的方法。哈维曾说：

我学解剖学同教授解剖学，都不是从书本子来的，

是从实际解剖来的；不是从哲学家的学说上来的，是从自然界的条理上来的。(他的《血液运行》自序)

哈维用下等活动物来做实验，观察心房的跳动和血的流行。古人只解剖死动物的动脉，不知死动物的动脉管是空的。哈维试验活动物，故能发现古人所不见的真理。他死后四年(1661)，马必吉(Malpighi)用显微镜看见血液运行的真状，哈维的学说遂更无可疑了。

此外如佗里杰利的试验空气的压力，如牛敦的试验白光的七色，都是实验的方法。牛敦在暗室中放进一点日光，使他通过三棱镜，把光放射在墙上。那一圆点的白光忽然变成了五倍大的带子，白光变成了七色：红，橘红，黄，绿，蓝，靛青，紫。他再用一块三棱镜把第一块三棱镜的光收回去，便仍成圆点的白光。他试验了许多回，又想出一个法子，把七色的光射在一块板上，板上有小孔，只许一种颜色的光通过。板后面再用三棱镜把每一色的光线通过，然后测量每一色光的曲折角度。他这样试验的结果始知白光是曲折力不同的七种光复合成的。他的实验遂发明了光的性质，建立了分光学的基础。

以上随手举的几条例子，都是顾炎武、阎若璩同时人的事，已可以表见材料同方法的关系了。考证的方法好有一比，比现今的法官判案，他坐在堂上静听两造的律师把证据都呈上来了，他提起笔来，宣判道：某一造的证据不充足，败诉了；某一造的证据充足，胜诉了。他的职务只在评判现成的证据，他不能跳出现成的证据之外。实验的方法也有一比，比那侦探小说里的福尔摩斯访案：他必须改装微行，出外探险，造出种种机会来，使罪人不能不呈献真凭实据。他可以不动笔，但他不能不动手动脚，去创造那逼出证据的境地与机会。

　　结果呢？我们的考证学的方法尽管精密，只因为始终不接近实物的材料，只因为始终不曾走上实验的大路上去，所以我们的三百年最高的成绩终不过几部古书的整理，于人生有何益处？于国家的治乱安危有何裨补？虽然做学问的人不应该用太狭义的实利主义来评判学术的价值，然而学问若完全抛弃了功用的标准，便会走上很荒谬的路上去，变成枉费精力的废物。这三百年的考证学固然有一部分可算是有价值的史料整理，但其中绝大的部分却完全是枉费心思。如讲《周易》而推翻王弼，回到汉人的"方士《易》"；讲《诗经》而推翻郑樵、朱熹，回到汉人的荒谬诗说；讲《春秋》而回到两汉陋儒的微言大义，——这都是开倒车的学术。

　　为什么三百年的第一流聪明才智专心致力的结果仍不过

是枉费心思的开倒车呢？只因为纸上的材料不但有限，并且在那一个"古"字底下罩着许多浅陋幼稚愚妄的胡说。钻故纸的朋友自己没有学问眼力，却只想寻那"去古未远"的东西，日日"与古为邻"，却不知不觉地成了与鬼为邻，而不自知其浅陋愚妄幼稚了！

那班崇拜两汉陋儒方士的汉学家固不足道。那班最有科学精神的大师——顾炎武、戴震、钱大昕、段玉裁、孔广森、王念孙、王引之等——他们的科学成绩也就有限的很。他们最精的是校勘训诂两种学问，至于他们最用心的声韵之学简直是没有多大成绩可说。如他们费了无数心力去证明古时有"支"、"脂"、"之"三部的区别，但他们到如今不能告诉我们这三部究竟有怎样的分别。如顾炎武找了一百六十二条证据来证明"服"字古音"逼"，到底还不值得一个广东乡下人的一笑，因为顾炎武始终不知道"逼"字怎样读法。又如三百年的古音学不能决定古代究竟有无入声；段玉裁说古有入声而去声为后起，孔广森说入声是江左后起之音。二百年来，这个问题似乎没有定论。却不知这个问题不解决，则一切古韵的分部都是将错就错。况且依二百年来"对转"、"通转"之说，几乎古韵无一部不可通他部。如果部部本都可通，那还有什么韵部可说！

三百年的纸上工夫，成绩不过如此，岂不可叹！纸上的材料本只适宜于校勘训诂一类的纸上工作；稍稍逾越这个范围，便要闹笑话了。

西洋的学者先从自然界的实物下手，造成了科学文明，工业世界，然后用他们的余力，回来整理文字的材料。科学方法是用惯的了。实验的习惯也养成了。所以他们的余力便可以有惊人的成绩。在音韵学的方面，一个格林姆（Grimm）便抵得许多钱大昕、孔广森的成绩。他们研究音韵的转变，文字的材料之外，还要实地考察各国各地的方言，和人身发音的器官。由实地的考察，归纳成种种通则，故能成为有系统的科学。近年一位瑞典学者珂罗倔伦（Bernhard Karlgren）费了几年的工夫研究《切韵》，把二百六部的古音弄的清清楚楚。林语堂先生说：

> 珂先生是《切韵》专家，对中国音韵学的贡献发明，比中外过去的任何音韵学家还重要。（《语丝》第四卷第廿七期）

珂先生的成绩何以能这样大呢？他有西洋的音韵学原理作工具，又很充分地运用方言的材料，用广东方言作底子，用日本的汉音吴音作参证，所以他几年的成绩便可以推倒顾炎武以来三百年的中国学者的纸上工夫。

我们不可以从这里得一点教训吗?

纸上的学问也不是单靠纸上的材料去研究的。单有精密的方法是不够用的。材料可以限死方法，材料也可以帮助方法。三百年的古韵学抵不得一个外国学者运用活方言的实验。几千年的古史传说禁不起三两个学者的批评指摘。然而河南发现了一地的龟甲兽骨，便可以把古代殷商民族的历史建立在实物的基础之上。一个瑞典学者安特森（J. G. Anderson）发现了几处新石器，便可以把中国史前文化拉长几千年。一个法国教士桑德华（Père Licent）发现了一些旧石器，便又可以把中国史前文化拉长几千年。北京地质调查所的学者在北京附近的周口店发现了一个人齿，经了一个解剖学专家步达生（Davidson Black）的考定，认为远古的原人，这又可以把中国史前文化拉长几万年。向来学者所认为纸上的学问，如今都要跳在故纸堆外去研究了。

所以我们要希望一班有志做学问的青年人及早回头想想。单学得一个方法是不够的；最要紧的关头是你用什么材料。现在一班少年人跟着我们向故纸堆去乱钻，这是最可悲叹的现状。我们希望他们及早回头，多学一点自然科学的知识与技术：那条路是活路，这条故纸的路是死路。三百年的第一流的聪明才智销磨在这故纸堆里，还没有什么好成绩。我们应该换条路走走了。等你们在科学试验室里有了好成绩，然后拿出你们的余力，回来整理我们的国故，那时候，一拳打倒顾亭林，两脚踢翻钱竹汀，有何难哉！

十七年九月

（原载1928年11月10日《新月》第1卷第9号，又载1929年1月《小说月报》第20卷第1期）

考据学的责任与方法

历史的考据是用证据来考定过去的事实。史学家用证据考定事实的有无，真伪，是非，与侦探访案，法官断狱，责任的严重相同，方法的谨严也应该相同。这一点，古人也曾见到。朱子曾说："看文字须如法官深刻，方穷究得尽。"朱子少年举进士，曾做四年同安县主簿，他常常用判断狱讼的事来比喻读书穷理，例如他说：

> 向来熹在某处，有讼田者，契数十本，中间一段作伪，自崇宁政和间，至今不决。将正契及公案藏匿，皆不可考。熹只索四畔众契，比验前后所断，情伪更不能逃者。穷理亦只如此。

他又说：

> 学者观书，……大概病在执着，不肯放下。正如听讼，先有主张乙底意思，便只寻甲的不是，先有主张甲的意思，便只见乙底不是。不若姑置甲乙之说，徐徐观之，方能辩其曲直。

在朱子的时代，有一位有名的考据学者，同时也是有名的判断疑狱的好手，他就是《云谷杂记》的作者张淏，字清源。《云谷杂记》有杨楫的一篇跋，其中说：

> 嘉定庚午（1210，朱子死后十年），予假守龙舒，始识张君清源，……其于书传间辩正讹谬，旁证远引，博而且确。……会旁郡有讼析赀者，几二十年不决。部使者下之郡，予因以属之。清源一阅文牒，曰："得之矣。"即呼二人叩之。甲曰："绍兴十三年，从兄尝鬻祖产，得银帛楮券若干，悉辇而商，且书约，期他日复置如初。兄后以其资买田于淮，不复归。今兄虽亡，元约固存，于法当析。"乙曰："父存而叔未尝及此，父死之后，忽称为约，实为不可。"清源呼甲至，谓之曰："按国史，绍兴三十年后方用楮币，不应十三年汝家已预有若干。汝约伪矣。"甲不能对，其讼遂决。

杨楫跋中又记张洖判决的另一案：

> 又有讼田者，余五十年，屡置对而不得其理。清源验其券，乃政和五年龙舒民与陶龙图者为市，因讯之曰："此呼龙图者谓何人？"曰："祖父也。"清源曰："政和三年五甲登第，于法不过簿尉耳，不应越二年已呼龙图。此券绍兴间伪为以诬人，尚何言哉？"其人遂俯伏，众皆骇叹。

朱子的话和杨楫的跋都可以表示十二三世纪的中国学术界里颇有人把考证书传讹谬和判断疑难狱讼看作同一样的本领，同样的用证据来断定了一件过去的事实的是非真伪。

唐宋的进士登第后，大多数分发到各县去做主簿县尉，使他们都可得着判断狱讼的训练。程子（颢）朱子都在登进士第后作过主簿。聪明的人，心思细密的人，往往可以从这种簿书狱讼的经验里得着读书治学的方法，也往往可以用读书治学的经验来帮助听讼折狱。因为这两种工作都得用证据来判断事情。

读书穷理方法论是小程子建立的，是朱子极力提倡的。小程子虽然没有中进士，不曾有过听讼折狱的经验，然而他写他父亲程珦的家传，哥哥程颢的行状，和"家世旧事"，都特别记载他家两代判断疑狱的故事。他记大程子在鄠县主簿任内判决窖钱一案，方法与张判的楮币案相同；又记载大程子宰晋城时判决冒充父亲一案，方法与张判的陶龙图案相同。读书穷理的哲学出于善断疑狱的程氏家庭，似乎不是偶然的。

中国考证学的风气的发生，远在实验科学发达之前。我常推想，两汉以下文人出身做亲民之官，必须料理民间诉讼，这种听讼折狱的经验是养成考证方法的最好训练。试看考证学者常用的名词，如"证据"，"左证"，"左验"，"勘验"，"推勘"，"比勘"，"质证"，"断案"，"案验"都是法官听讼常用的名词，都可以指示考证学与刑名讼狱的历史关系。所以我相信文人审判狱讼的经验大概是考证学的一个比较最重要的来源。

无论这般历史渊源是否正确，我相信考证学在今日还应该充分参考法庭判案的证据法。狱讼最关系人民的财产生命，故向来读书人都很看重这种责任。如朱子说的：

> 天下事最大而不可轻者，无过于兵刑。……狱讼面前分晓事易看。其情伪难通，或旁无左证，各执两说，系人性命处，须吃紧思量，或疑有误也。

我读乾隆嘉庆时期有名的法律汪辉祖的遗书,看他一生办理诉讼,真能存十分敬慎的态度。他说:"办案之法,不惟入罪宜慎,即出罪亦宜慎。"他一生做幕做官,都尽力做到这"慎"字。

但是文人做历史考据,往往没有这种敬慎的态度,往往不肯把是非真伪的考证看作朱子说的"系人性命处,须吃紧思量"。因为文人看轻考据的责任,所以他们往往不能严格的审查证据,也往往不能敬慎的运用证据。证据不能敬慎的使用,则结论往往和证据不相干。这种考据,尽管堆上百十条所谓"证据",只是全无价值的考据。

近百年中,号称考证学风气流行的时代,文人轻谈考据,不存敬慎的态度,往往轻用考证的工具,造成诬枉古人的流言。有人说,戴东原偷窃赵东潜(一清)的《水经注释》。又有人说,戴东原偷窃全谢山的校本。有人说,马国翰的《玉函山房辑佚书》是偷窃章宗源的原稿。又有人说,严可均《全上古三代秦汉三国两晋六朝文》是攘夺孙星衍的原稿。

说某人作贼,是一件很严重的刑事控诉。为什么这些文人会这样轻率的对于已死不能答辩的古人提出这样严重的控诉呢?我想来想去,只有一个答案:根本原因在于中国考证学还缺乏自觉的任务与自觉的方法。任务不自觉,所以考证学者不感觉他考订史实是一件最严重的任务,是为千秋百世考定历史是非真伪的大责任。方法不自觉，所以考证学者不能发觉自己的错误，也不能评判自己的错误。

做考证的人，至少要明白他的任务有法官断狱同样的严重，他的方法也必须有法官断狱同样的谨严，同样的审慎。

近代国家"证据法"的发达，大致都是由于允许两造辩护人各有权可以驳斥对方提出的证据。因为有对方的驳斥，故假证据与不相干的证据都不容易成立。

考证学者闭门做历史考据，没有一个对方辩护人站在面前驳斥他提出的证据，所以他往往不肯严格的审查他的证据是否可靠，也往往不肯敬慎的考问他的证据是否关切，是否相干。考证方法所以远不如法官判案的谨严，主要原因正在缺乏一个自觉的驳斥自己的标准。

所以我提议：凡做考证的人，必须建立两个驳问自己的标准：第一要问，我提出的证人证物本身可靠吗？这个证人有作证的资格吗？这件证物本身没有问题吗？第二要问，我提出这个证据的目的是要证明本题的那一点？这个证据足够证明那一点吗？

第一个驳问是要审查某种证据的真实性。第二个驳问是要扣紧证据对本题的相干性。

我试举一例。这一百年来，控诉戴东原偷窃赵东潜《水经注》校本的许多考证学者，从张穆、魏源到我们平日敬爱

的王国维、孟森,总爱提出戴东原"背师"的罪状,作为一个证据。例如魏源说:

> 戴为婺源江永门人,凡六书三礼九数之学,无一不受诸江氏。及戴名既盛,凡己书中称引师说,但称为同里老儒江慎修,而不称师说,亦不称先生。

又如王国维说:

> 其(东原)平生学说出于江慎修。……其于江氏亦未尝笃"在三"之谊,但呼之曰婺源老儒江慎修而已。

我曾遍检现存的戴东原遗著(微波谢刻本与安徽丛书本),见他每次引江慎修的话,必称江先生。计有:

《经考》引江说五次,四次称江慎斋先生,一次称江先生。

《经考》附录引一次,称江慎斋先生。

《屈原赋注》引四次,称江先生。

《考工记图》引三次,称江先生。

《顾氏音论跋》引一次,称江先生。

《答段若膺论韵》称江慎修先生一次,称江先生凡八次。

总计东原引慎修，凡称"先生"二十二次。其中《经考》，《考工图记》，《屈原赋注》，都是少年之作；《答段若膺论韵》则是东原五十四岁之作，次年他就死了。故东原从少年到临死前一年，凡称引师说，必称先生。

至于"老儒江慎修"一句话，我也曾审查过。东原在两篇古韵分部的小史里——一篇是《声韵考》的古音一卷，一篇是《六书音均表序》——叙述郑庠以下三个人的大贡献，有这样说法：

> 郑庠分六部。
> 近昆山顾炎武……列十部。
> 吾郡老儒江慎修永……列十有三部。

这两篇古音小史里，郑庠、顾炎武都直称姓名，而江永则特别称"吾郡老儒江慎修永"，这是表示敬重老师不敢称名之意，读者当然可以明了。

故魏源、王国维提出的证据，一经审查，都是无根据的谣言，都没有作证据的资格。既没有作证据的资格，我们当然不再问这件证据足够证明《水经注》疑案的那一点了。

我再举一个例子。杨守敬在他的《水经注疏要删》里，曾举出十几条戴氏袭赵氏的"确证"，其中有一条是这样的：朱谋㙔的《水经注笺》卷七，《济水篇》注文引：

> 《穆天子传》曰甲辰天子浮于荥水。

赵氏《水经注释》的各本都把"甲辰"改作"甲寅"，刊误说：

> 甲辰，一清按《穆天子传》是甲寅。

戴氏两种校本也都改作"甲寅"。杨守敬提出这条作为戴袭赵之证，他说：

> 原书本是甲辰。赵氏所据何本误以为甲寅，戴氏竟据改之。（《要删》七，叶九）

杨氏所谓"原书"是指《穆天子传》。天一阁本，汉魏丛书本，与今日通行本《穆天子传》，此句都作甲辰。赵潜说他依据《穆天子传》作甲寅，是他偶然误记了来源。杨守敬说"原书本作甲辰"，是不错的。

但杨守敬用这条证据来证明赵氏先错了而戴氏跟着错，故是戴袭赵之证，那就是杨守敬不曾比勘《水经注》古本，

闹出笑话来了。这两个字的版本沿革史,如下表:

残宋本作	甲寅	《永乐大典》作	甲寅
黄省曾本作	甲寅	吴琯本改作	甲辰
朱谋㙔本作	甲辰	赵一清本改	甲寅
戴震本改	甲寅		

古本都作甲寅,吴琯本始依《穆天子传》改作甲辰,朱本从吴本也作甲辰。赵氏又依古本(黄本或孙潜本)改回作甲寅。戴氏依大典本改回作甲寅。

杨守敬所见《水经注》的版本太少了,他没有见朱谋㙔以前的各种古本,脑子里先存了"戴袭赵"的成见,正如朱子说的"先有主张乙底意思,便只寻甲的不是"。他完全不懂得《水经注》问题本来是个校勘学的问题,两个学者分头校勘同一部书,结果当然有百分之九十九以上相同。相同是最平常的事,本不成问题,更不成证据。

杨守敬在他的《凡例》里曾说:

> 若以赵氏所见之书,戴氏皆能读之,冥符合契,情理宜然。然谓事同道合,容有一二。岂有盈千累百,如出一口?

这句话最可以表示杨守敬完全不懂得校勘学的性质。校勘学是机械的工作。只有极少数问题没有古本书可供比勘,故须用推理。绝大多数的校勘总是依据古本与原书所引的古书。如果赵、戴两公校订一部三十多万字的《水经注》而没有"盈千累百"的相同,那才是最可惊异的怪事哩!

即如上文所举"甲寅"两字的版本沿革,都是校勘学最平常的事,岂可用来作谁偷谁的证据!

我举出这两个例子来表示一班有名的学者怎样轻视考证学的任务,怎样滥用考证学的方法。我最后要举一个极端的例子来做这篇文字的结束。《水经注》卷二十四,《瓠子水篇》有一段文字,前面叙旧东河迳濮阳城东北,下文忽然接着说:"春秋僖公十三年夏会于咸"。凡熟于《水经注》文字体例的人,都知道这两节之间必有脱文,故赵戴两本都在"春秋"上校增"又东,迳咸城南"六字,赵氏刊误之:

又东迳咸城南六字,全氏曰,以先司空公本校增。

杨守敬论此条说:

此非别有据本,以下文照之,固当有此六字。此戴

袭全之证。(《要删》二十四,叶七)

他既说这六字的校增不必有本子的根据,只看下文,即知"固当有此六字",则是无论谁校水经注,都会增此六字了。为什么独不许戴东原校增此六字呢?为什么这六字可以用作戴氏袭全氏的证据呢?

用证据考定一件过去的事情,是历史考证。用证据判断某人有罪,是法家断狱。杨守敬号称考证学者,号称"妙悟若百诗,笃实若竹汀,博辨若大可",却这样滥用考证学的方法,用全无根据的证据来诬枉古人作贼。考证学堕落到这地步,岂不可叹!

我们试看中国旧式法家汪辉祖自述他办理讼案是如何敬慎。他说:

> 罪从供定。犯供(犯人自己的供状)最关紧要。然五听之法,辞只一端。且录供之吏难保一无上下其手之弊。据供定罪,尚恐未真(注)。余在幕中,凡犯应徒罪以上者,主人庭讯时,余必于堂后凝神细听。供稍勉强,即属主人复讯。常戒主人不得性急用刑。往往有讯至四五次及八九次者。疑必属讯,不顾主人畏难;每讯必听,余亦不敢惮烦也。(《续佐治药言》,《草供未可全信》条)

被告自己的供状，尚且未可据供定罪，有疑必复讯，不敢惮烦。我们做历史考证的人，必须学这种敬慎不苟且的精神，才配担负为千秋百世考定史实的是非真伪的大责任。

三十五年，十，六北平东厂胡同

（注）汪辉祖举的"据供定罪，尚恐未真"的实例：

乾隆壬年（1762）八月，馆平湖令刘君冰斋署。会孝丰县民蒋氏行舟被劫，通详缉捕。封印后，余还里度岁。而平湖有回籍逃军曰盛大者，以纠匪抢夺被获，讯为孝丰劫案正盗。冰斋迓余至馆，检阅草供。凡起意纠伙，上盗伤主，劫赃分，各条，无不毕具。居然"盗"也。且已起有蓝布绵被，经事主认确矣。当晚嘱冰斋复勘，余从堂后听之。一一输供，无惧色。顾供出犯口，熟滑如背书然。且首伙八人，无一语参差者。心窃疑之。次晚复嘱冰斋为增减案情，隔别再讯。则或认，或不认，八人者各各歧异。至有号呼诉枉者。遂止不讯。而令库书依事主所认布被颜色新旧，借购二十余条，余私为记别。杂以事主原认之被，嘱冰斋当堂令事主辨认！于是提各犯研鞠,佥不承认。

细诘其故。盖盛大被获之初,自意逃军犯抢,更无生理,故讯及孝丰劫案,信口妄承,而其徒皆附和之。实则绵被为己物,裁制有人。即其（抢夺）本案亦不至于死也。遂脱之。

越二年,冰斋保举知府,入京引见。而此案正盗由元和县发觉,传事主认赃。冰斋回任,赴苏会审定案（适按：平湖县属浙江嘉兴府,孝丰县属浙江湖州府,元和县属江苏苏州府,故刘君须赴苏会审）。

初余欲脱盛大时,阖署哗然,谓余枉法曲纵,不顾主人考成。余闻之,辞冰斋,冰斋弗听。余曰："必欲余留止者,非脱盛大不可。且失赃甚多,而以一疑似之布被骈戮数人,非惟吾不忍,……为君计亦恐有他日累也。"至是,冰斋语余曰："曩者君力脱盛大,君何神耶！"……余自此益不敢以草供为据矣。"（《续佐治药言》,四叶至六叶。参用病榻梦痕录乾隆廿八年此案,文字稍有删改,使人易晓。)

这篇《考据学的责任与方法》,是民国三十五年写的。今年我重读一遍,觉得还可以收存。我当时因为汪辉祖举例的文字太长,没有全抄。现在我觉得这位刑名大家的"据供定罪，当恐未真"一条大原则真是中国证据法一个重要理论，而这个大原则是需要举例说明的，所以我全抄汪先生举的一件案子的文字，作为一条小注（平湖知县刘冰斋，名国烜，奉天人）。

2月28夜胡适记

（原载1946年10月16日上海《大公报·文史周刊》第1期，又载1961年3月16日台北《民主潮》第11卷第6期）

整理国故与"打鬼"
——给浩徐先生信

浩徐先生：

今天看见一六期的《现代》，读了你的《主客》，忍不住要写几句话寄给你批评。

你说整理国故的一种恶影响是造成一种"非驴非马"的白话文。此话却不尽然。今日的半文半白的白话文，有三种来源。第一是做惯古文的人，改做白话，往往不能脱胎换骨，所以弄成半古半今的文体。梁任公先生的白话文属于这一类，我的白话文有时候也不能免这种现状。缠小了的脚，骨头断了，不容易改成天足，只好塞点棉花，总算是"提倡"大脚的一番苦心，这是大家应该原谅的。

第二是有意夹点古文调子，添点风趣，加点滑稽意味。吴稚晖先生的文章（有时因为前一种原因）有时是有意开玩笑的。鲁迅先生的文章，有时是故意学日本人做汉文的文体，大概是打趣"《顺天时报》派"的；如他的《小说史》自序。钱玄同先生是这两方面都有一点的：他极赏识吴稚晖的文章，又极赏识鲁迅弟兄，所以他做的文章也往往走上这一条路。

第三是学时髦的不长进的少年。他们本没有什么自觉的主张，又没有文学的感觉，随笔乱写，既可省做文章的工力，又可以借吴老先生作幌子。这种懒鬼，本来不会走上文学的路去，由他们去自生自灭罢。

这三种来源都和"整理国故"无关。你看是吗？

平心说来，我们这一辈人都是从古文里滚出来的，一二十年的死工夫或二三十年的死工夫究竟还留下一点子鬼影，不容易完全脱胎换骨。即如我自己，必须全副精神贯注在修词造句上，方才可以做纯粹的白话文；偶一松懈（例如做"述学"的文字，如《章实斋年谱》之类），便成了"非驴非马"的文章了。

大概我们这一辈"半途出身"的作者都不是做纯粹国语文的人。新文学的创造者应该出在我们的儿女的一辈里。他们是"正途出身"的；国语是他们的第一语言；他们大概可以避免我们这一辈人的缺点了。

但是我总想对国内有志作好文章的少年们说两句忠告的

话。第一，做文章是要用力气的。第二，在现时的作品里，应该拣选那些用气力做的文章做样子，不可挑那些一时游戏的作品。

其次，你说国故整理的运动总算有功劳，因为国故学者判断旧文化无用的结论可以使少年人一心一意地去寻求新知识与新道德。你这个结论，我也不敢承认。

国故整理的事业还在刚开始的时候，决不能说已到了"最后一刀"。我们这时候说东方文明是"懒惰不长进的文明"，这种断语未必能服人之心。六十岁上下的老少年如吴稚晖、高梦旦也许能赞成我的话。但是一班黑头老辈如曾慕韩、康洪章等诸位先生一定不肯表同意。

那"最后一刀"究竟还得让国故学者来下手。等他们用点真工夫，充分采用科学方法，把那几千年的烂账算清楚了，报告出来，叫人们知道儒是什么，墨是什么，道家与道教是什么，释迦达摩又是什么，理学是什么，骈文律诗是什么，那时候才是"最后的一刀"收效的日子。

近来想想，还得双管齐下。输入新知识与新思想固是要紧，然而"打鬼"更是要紧。宗杲和尚说的好：

> 我这里无法与人，只是据款结案。恰如将个琉璃瓶

子来,护惜如什么,我一见便为你打破。你又将得摩尼珠来,我又夺了。见你怎地来时,我又和你两手截了。所以临济和尚道,"逢佛杀佛,逢祖杀祖,逢罗汉杀罗汉"。你且道,既称善知识,为什么却要杀人?你且看他是什么道理?

浩徐先生,你且道,清醒白醒的胡适之却为什么要钻到烂纸堆里去"白费劲儿"?为什么他到了巴黎不去参观柏斯德研究所,却在那敦煌烂纸堆里混了十六天的工夫?

我披肝沥胆地奉告人们:只为了我十分相信"烂纸堆"里有无数无数的老鬼,能吃人,能迷人,害人的厉害胜过柏斯德(Pasteur)发现的种种病菌。只为了我自己自信,虽然不能杀菌,却颇能"捉妖"、"打鬼"。

这回到巴黎、伦敦跑了一趟,搜得不少"据款结案"的证据,可以把达摩、慧能,以至"西天二十八祖"的原形都给打出来。据款结案,即是"打鬼"。打出原形,即是"捉妖"。

这是整理国故的目的与功用。这是整理国故的好结果。

你说,"我们早知道在那方面做工夫是弄不出好结果来的"。那是你这聪明人的一时懵懂。这里面有绝好的结果。用精密的方法,考出古文化的真相;用明白晓畅的文字报告出来，叫有眼的都可以看见，有脑筋的都可以明白。这是化黑暗为光明，化神奇为臭腐，化玄妙为平常，化神圣为凡庸：这才是"重新估定一切价值"。他的功用可以解放人心，可以保护人们不受鬼怪迷惑。

西滢先生批评我的作品，单取我的《文存》，不取我的《哲学史》。西滢究竟是一个文人；以文章论，《文存》自然远胜《哲学史》。但我自信，中国治哲学史，我是开山的人，这一件事要算是中国一件大幸事。这一部书的功用能使中国哲学史变色。以后无论国内国外研究这一门学问的人都躲不了这一部书的影响。凡不能用这种方法和态度的，我可以断言，休想站得住。

梁漱溟先生在他的书里曾说，依胡先生的说法，中国哲学也不过如此而已（原文记不起了，大意如此）。老实说来，这正是我的大成绩。我所以要整理国故，只是要人明白这些东西原来"也不过如此！"本来"不过如此"，我所以还他一个"不过如此"。这叫做"化神奇为臭腐，化玄妙为平常"。

禅宗的大师说："某甲只将花插香炉上，是和尚自疑别有什么事。"把戏千万般，说破了"也不过如此"。（下略）

适之十六，二，七

附录一　西滢跋语

　　适之先生要我看完这信，转交给浩徐。这时浩徐不在北京，好在适之先生本预备发表，所以就在这里发表了。

　　适之先生说我批评他的作品，单取他的《文存》，不取他的《哲学史》，因此断定我"究竟是一个文人"。这话也许有部分的理由，因为正如适之先生所说，"以文章论，《文存》自然远胜《哲学史》"。可是我并不是单把文章好坏做我去取的标准。《文存》里大部分是提倡革命，扫除旧思想，建设新文学的文字。在那里适之先生引我们上了一条新路。可是在"革命尚未成功，同志还须努力"的当儿，胡先生忽然立停了脚，回过头去编他的《哲学史》了。固然不错，他做的还是破坏的功夫，"捉妖"、"打鬼"的事业，只是他丢开了另一方面，在我们看来，更加重要的工作。没有走过的新路是不容易走的。前面得有披荆斩棘的先锋，熟识道途的引导者。适之先生的地位应当在那里。可是他杀回头去了，所以虽然还有些人在新路上往前觅道，大部分的人只得立住了脚，不知道怎样好。更不幸的，一般近视眼的先生，不知道胡先生是回去扫除邪孽，清算烂账的，只道连胡先生都回去了，他们更不可不回去了。于是一个个都钻到烂纸堆里去，"化臭腐为神奇,化平常为玄妙,化凡庸为神圣",弄得乌烟瘴气,迷濛天地。吴稚晖先生说:"胡先生的《大纲》,杂有一部分浇块垒的话头,虽用意是要革命,也很是危险,容易发生流弊。果然引出了梁漱溟的文化哲学及梁启超的学术讲演。胡先生所发生的一点革命效果,不够他们消灭。"他的话真是说的入骨三分。所以对吴老先生的又一句话,线装书给胡先生看,他"是热烈赞同的",我实在热烈的不赞同。我以为别人可以"整理国故",适之先生却不应当"整理国故"。这怪他自己不好,谁叫他给自己创造出来一个特殊的地位呢?

老实说,我对于"整理国故"这个勾当,压根儿就不赞成。本来,一个人喜欢研究国故,犹之另一个人喜欢研究化学,第三人喜欢研究昆虫,他有绝对的自由,用不着我们来赞成或反对。可是研究化学的人,在试验室静悄悄的做他的试验。研究昆虫的人,不声不响的在田野中搜集他的标本。只有研究国故的人整日价的摇旗呐喊,金鼓震天,吵得我们这种无辜的人不能安居乐业,叫人不得不干涉。国故学者总以为研究国故是"匹夫有责"的;适之先生自己就给我们开了一个最低限度的国学书目;梁任公先生更进一步,说无论什么人没有读他开的书单,就"不能算中国的学人";国立大学拿"整理国故"做入学试题;副刊杂志看国故文字为最时髦的题目。结果是线装书的价钱,十年以来,涨了二三倍。浩徐先生说："国故整理运动倒也不是完全无益"，因为"国故整理家对国故所下的结论，才是在那半生不死的国故动物的喉咙里，杀进去的最后一刀，使以后的青年们能够毫无牵挂地一心一意地去寻求新道德新知识新艺术"。我们不能不说他实在看错了。那"最后一刀"的结论，适之先生已经不敢承认了，虽然他说"究竟还得让国故学者来下手"。可是，我们试问，除了适之先生自己和顾颉刚、唐擘黄、钱玄同等三四位先生外，那一个国故学者在"磨刀霍霍"呢？唉，那一个不是在进汤灌药，割肉补疮呢！那一个不是在垃圾桶里掏宝，灰土堆中搜珍奇呢！青年们本来大都是"学时髦的不长进的少年"。"整理国故"既然这样时髦，也难怪他们随声附和了。

我觉得现在还没有到"整理国故"的时候。一座旧房子里的破烂家具，无论你怎样的清查，怎样的整理，怎样的搬动，怎样的烧劈老朽，怎样的重新估定价值，怎样的报告一个"不过如此"，弄来弄去，左不过还是那些破旧东西。而且，"入鲍鱼之肆，久而不觉其臭。"外国人登广告的目的，就利用人们对于常常耳闻目睹的东西认为自然良好的心理。所以一个人整天的钻在烂纸堆里，他也许就慢慢的觉得那也不是什么索然无味的事，甚而至于觉得那是人生最有趣味的事了。所以我们目前的急需，是要开新的窗户，装新的地板，电灯，自来水，造新的厨房，辟新的毛厕，添种种新的家具。新的有用的来了，旧的无用的自然而然的先被挤到一边去，再被挤到冷房子里去，末了换给打估的人了。所以只有一心一意地去寻求新道德，新知识，新艺术，然后才能"在那半生不死的国故动物的喉咙里"，杀最后的一刀。要是倒因为果的做起来，那一刀是万杀不进去的。这时候我们大伙儿一心一意的去寻求新道德新知识新艺术还嫌"力薄能疏，深惧陨越"，那里再有闲功夫去算什么旧账？

还有一层，我觉得现在的国故学者十九还不配去整理国故。他们大家打的旗帜是运用"科学方法"。可是什么是科学方法？离开了科学本身，那所说的"科学方法"究竟是什么呢？一个人不懂得什么是科学，他又怎样的能用科学方法呢？而且，用"科学方法"做工具，去整理国故，与用"外国文知识"做工具，去翻译西方的各种学识一样的可笑，一样的荒唐。一般人都以为一个人认识了几个洋字，就可以翻译爱斯坦的《相对论》，佛洛爱特的心理学，拜伦的诗，法郎士的小说，而且有人就这样做。不知道一个人学了几年物理，还不一定懂得《相对论》；一个人没有细心研究过心理，断不能懂佛洛爱特的学说；一个人没有注意过英、法两国的人情风俗，思想潮流，也不能完全了解拜伦的诗，法郎士的小说。研究国故不也是这样的吗？什么是国故？是不是我们过去所有的成绩都包括在里面？适之先生似乎是这样想，因为他说过"中国的一切过去的文化历史，都是我们的国故"。那么，我们要问了，这种工作，是不是一个仅仅能读几本线装书的人，挟了"科学方法"所能够胜任的？还是要让经济学者去治经济史，政治学者去治政治史，宗教学者去治宗教史，文艺批评者去治文学史艺术史呢？上面已经说过了，我们要这些人都去研究经济，政治，宗教，文艺等种种方面的新思想，新知识，新艺术；我们要他们介绍种种欧、美各国已经研究了许久，已经有心得的新思想，新知识，新艺术给我们，没有时候去弄"国故"那玩意儿。再过几十年，他们也许有这样的余力了，这样的闲暇了。那么到那时再说"整理国故"不好吗？

（原载1927年3月19日《现代评论》第5卷第119期）

附录二　主客答问

浩　徐

（客）民国十五年又快到尽头了。在这迎新送旧的时候，你有什么感想呢？或把问题缩小些，你对于中国的知识阶级有什么希望呢？

（主）希望多着哪！第一，希望大家别忙着整顿国故，……

（客）对不起，让我插说一句，那"整顿国故"的工作，是近来一重要部分知识阶级的重要工作哪！

（主）但是整顿出来的结果呢？整顿了四五年之后，他们的结论仍然是："这样受物质环境的拘束与支配，不能跳出来，不能运用人的心思智力来改造环境改造现状的文明，是懒惰不长进的民族的文明，是真正唯物的文明。这种文明只可以过抑而决不能满足人类精神上的要求。"这是整顿国故的首功胡适之的结论。又比如唐擘黄虽然不昌言整顿国故，也是在国故里下过功夫的，他的结论是："可惜太聪明了！"倒是成长期中的白话文倒受了国故的影响，弄出来了现今这种"文言为体白话为用"的非驴非马的白话文，无怪乎章行严说白话文看不下去，现在这种白话文是古人读不通今人看不懂的。

（客）这话不错。整顿国故的工作，真是白费劲儿；要使把那些优秀的知识分子的有为的光阴，去认真输入西洋的各种科学艺术，那是多么有益，想起来真是可惜。

（主）国故整理运动倒也不是完全无益。说功劳他也是有功劳的。因为民国七八年那时候是中国人初次对于西洋文明开了眼睛的时候，那时候中国人虽然赞美西洋文明，但是还不曾从西洋文明的立脚点来看察过中国文明。就好像一个嫁了人的娘们，虽然对于夫妇生活觉得满足，总还对于娘家多少有点留恋。等到回到娘家过了一些日子之后，才能够觉到娘家的生活只是过去的生活，那新生活才是她真正应该生活的生活。要是没有那些人去干一阵整顿国故的工作，中国人一定对于他们的国故，还抱着多大的幻想，还以为那国故海上，一定还有虚无缥缈的仙山。要等那国故整顿舰队开进那海里去搜讨一番，然后大家才能相信那里头真正是空虚。所以国故整理家对国故所下的结论，才是在那半生不死的国故动物的喉咙里杀进去的最后一刀，使以后的青年们能够毫无牵挂地一心一意地去寻求新道德新知识新艺术。这就是国故整顿运动的功劳。不过在文化那建筑物上他不曾积极地加上一砖一瓦罢了。我们早知道在那方面做工夫是弄不出好结果来的。（下略）

（原载1926年12月18日《现代评论》第4卷第106期）

《国学季刊》发刊宣言

近年来,古学的大师渐渐死完了,新起的学者还不曾有什么大成绩表现出来。在这个青黄不接的时期,只有三五个老辈在那里支撑门面。古学界表面上的寂寞,遂使许多人发生无限的悲观。所以有许多老辈遂说,"古学要沦亡了!""古书不久要无人能读了!"

在这个悲观呼声里,很自然的发出一种没气力的反动的运动来。有些人还以为西洋学术思想的输入是古学沦亡的原因;所以他们至今还在那里抗拒那他们自己也莫名其妙的西洋学术。有些人还以为孔教可以完全代表中国的古文化;所以他们至今还梦想孔教的复兴;甚至于有人竟想抄袭基督教的制度来光复孔教。有些人还以为古文古诗的保存就是古学的保存了;所以他们至今还想压语体文字的提倡与传播。至于那些静坐扶乩,逃向迷信里去自寻安慰的,更不用说了。

在我们看起来，这些反动都只是旧式学者破产的铁证；这些行为，不但不能挽救他们所忧虑的国学之沦亡，反可以增加国中少年人对于古学的藐视。如果这些举动可以代表国学，国学还是沦亡了更好！

我们平心静气的观察这三百年的古学发达史，再观察眼前国内和国外的学者研究中国学术的现状，我们不但不抱悲观，并且还抱无穷的乐观。我们深信，国学的将来，定能远胜国学的过去；过去的成绩虽然未可厚非，但将来的成绩一定还要更好无数倍。

自从明末到于今，这三百年，诚然可算是古学昌明时代。总括这三百年的成绩，可分这些方面：

（一）整理古书。 在这方面，又可分三门。第一，本子的校勘；第二，文字的训诂；第三，真伪的考订。考订真伪一层，乾嘉的大师（除了极少数学者如崔述等之外）都不很注意；只有清初与晚清的学者还肯做这种研究，但方法还不很精密，考订的范围也不大。因此，这一方面的整理，成绩比较的就最少了。然而校勘与训诂两方面的成绩实在不少。戴震、段玉裁、王念孙、阮元、王引之们的治"经"；钱大昕、赵翼、王鸣盛、洪亮吉们的治"史"；王念孙、俞樾、孙诒让们的治"子"；戴震、王念孙、段玉裁、邵晋涵、郝懿行、钱绎、王筠、朱骏声们的治古词典；都有相当的成绩。重要的古书，经过这许多大师的整理，比三百年前就容易看的多了。我们试拿明刻本的《墨子》来比孙诒让的《墨子间诂》，或拿二徐的《说文》来比清儒的各种《说文》注，就可以量度这几百年整理古书的成绩了。

（二）发现古书。 清朝一代所以能称为古学复兴时期，不单因为训诂校勘的发达，还因为古书发现和翻刻之多。清代中央政府，各省书局，都提倡刻书。私家刻的书更是重要：丛书与单行本，重刊本，精校本，摹刻本，近来的影印本。我们且举一个最微细的例。近三十年内发现与刻行的宋、元词集，给文学史家添了多少材料？清初朱彝尊们固然见着不少的词集；但我们今日购买词集之便易，却是清初词人没有享过的福气了。翻刻古书孤本之外，还有辑佚书一项，如《古经解钩沉》，《小学钩沉》，《玉函山房辑佚书》，和《四库全书》里那几百种从《永乐大典》辑出的佚书，都是国学史上极重要的贡献。

（三）发现古物。 清朝学者好古的风气不限于古书一项；风气所被，遂使古物的发现，记载，收藏，都成了时髦的嗜好。鼎彝，泉币，碑版，壁画，雕塑，古陶器之类：虽缺乏系统的整理，材料确是不少了。最近三十年来，甲骨文字的发现，竟使殷商一代的历史有了地底下的证据，并且给文字学添了无数的最古材料。最近辽阳、河南等处石器时代的文化的发现，也是一件极重要的事。

但这三百年的古学的研究，在今日估计起来，实在还有许多缺点。三百年的第一流学者的心思精力都用在这一方面，而究竟还只有这一点点结果，也正是因为有这些缺点的缘故。那些缺点，分开来说，也有三层：

（一）研究的范围太狭窄了。 这三百年的古学，虽然也有整治史书的，虽然也有研究子书的，但大家的眼光与心力注射的焦点，究竟只在儒家的几部经书。古韵的研究，古词典的研究，古书旧注的研究，子书的研究，都不是为这些材料的本身价值而研究的。一切古学都只是经学的丫头！内中固然也有婢作夫人的；如古韵学之自成一种专门学问，如子书的研究之渐渐脱离经学的羁绊而独立。但学者的聪明才力被几部经书笼罩了三百年，那是不可讳的事实。况且在这个狭小的范围里，还有许多更狭小的门户界限。有汉学和宋学的分家，有今文和古文的分家；甚至于治一部《诗经》还要舍弃东汉的《郑笺》而专取西汉的《毛传》。专攻本是学术进步的一个条件；但清儒狭小研究的范围，却不是没有成见的分功。他们脱不了"儒书一尊"的成见，故用全力治经学，而只用余力去治他书。他们又脱不了"汉儒去古未远"的成见，故迷信汉人，而排除晚代的学者。他们不知道材料固是愈古愈可信，而见解则后人往往胜过前人；所以他们力排郑樵、朱熹而迷信毛公、郑玄。今文家稍稍能有独立的见解了；但他们打倒了东汉，只落得回到西汉的圈子里去。研究的范围的狭小是清代学术所以不能大发展的一个绝大原因。三五部古书，无论怎样绞来挤去，只有那点精华和糟粕。打倒宋朝的"道士《易》"固然是好事；但打倒了"道士《易》"，跳过了魏、晋人的"道家《易》"，却回到两汉的"方士《易》"，那就是很不幸的了。《易》的故事如此；《诗》、《书》、《春秋》、《三礼》的故事也是如此。三百年的心思才力，始终不曾跳出这个狭小的圈子外去！

（二）太注重功力而忽略了理解。　学问的进步有两个重要方面：一是材料的积聚与剖解；一是材料的组织与贯通。前者须靠精勤的功力，后者全靠综合的理解。清儒有鉴于宋、明学者专靠理解的危险，所以努力做朴实的功力而力避主观的见解。这三百年之中，几乎只有经师，而无思想家；只有校史者，而无史家；只有校注，而无著作。这三句话虽然很重，但我们试除去戴震、章学诚、崔述几个人，就不能不承认这三句话的真实了。章学诚生当乾隆盛时（乾隆，1736—1795；章学诚，1738—1800），大声疾呼的警告当日的学术界道：

> 今之博雅君子，疲精劳神于经传子史，而终身无得于学者，正坐……误执求知之功力，以为学即在是尔。学与功力实相似而不同。学不可以骤几，人当致攻乎功力，则可耳。指功力以为学，是犹指秋黍以为酒也。

（《文史通义·博约篇》）

他又说：

> 近日学者风气，征实太多，发挥太少，有如蚕食叶而不能抽丝。（《章氏遗书·与汪辉祖书》）

古人说："鸳鸯绣取从君看，不把金针度与人。"单把绣成的鸳鸯给人看，而不肯把金针教人，那是不大度的行为。然而天下的人不是人人都能学绣鸳鸯的；多数人只爱看鸳鸯，而不想自己动手去学绣。清朝的学者只是天天一针一针的学绣，始终不肯绣鸳鸯。所以他们尽管辛苦殷勤的做去，而在社会的生活思想上几乎全不发生影响。他们自以为打倒了宋学，然而全国的学校里读的书仍旧是朱熹的《四书集注》，《诗集传》，《易本义》等书。他们自以为打倒了伪《古文尚书》，然而全国村学堂里的学究仍旧继续用蔡沈的《书集传》。三百年第一流的精力，二千四百三十卷的《经解》，仍旧不能替换朱熹一个人的几部启蒙的小书！这也可见单靠功力而不重理解的失败了。

（三）缺乏参考比较的材料。 我们试问，这三百年的学者何以这样缺乏理解呢？我们推求这种现象的原因，不能不回到第一层缺点——研究的范围的过于狭小。宋、明的理学家所以富于理解，全因为六朝、唐以后佛家与道士的学说弥漫空气中，宋、明的理学家全都受了他们的影响，用他们的学说作一种参考比较的资料。宋、明的理学家，有了这种比较研究的材料，就像一个近视眼的人戴了近视眼镜一样；从前看不见的，现在都看见了；从前不明白的，现在都明白了。同是一篇《大学》，汉、魏的人不很注意他，宋、明的人忽然十分尊崇他，把他从《礼记》里抬出来，尊为《四书》之一，推为"初学入德之门"。《中庸》也是如此的。宋明的人戴了佛书的眼镜，望着《大学》、《中庸》，便觉得"明明德"、"诚"、"正心诚意"、"率性之谓道"等等话头都有哲学的意义了。清朝的学者深知戴眼镜的流弊，决意不配眼镜；却不知道近视而不戴眼镜，同瞎子相差有限。说《诗》的回到《诗序》，说《易》的回到"方士《易》"，说《春秋》的回到《公羊》，可谓"陋"之至了；然而我们试想这一班第一流才士，何以陋到这步田地，可不是因为他们没有高明的参考资料吗？他们排斥"异端"；他们得着一部《一切经音义》,只认得他有保存古韵书古词典的用处;他们拿着一部子书,也只认得他有旁证经文古义的功用。他们只向那几部儒书里兜圈子;兜来兜去,始终脱不了一个"陋"字!打破这个"陋"字,没有别的法子,只有旁搜博采,多寻参考比较的材料。

以上指出的这三百年的古学研究的缺点,不过是随便挑出了几桩重要的。我们的意思并不要菲薄这三百年的成绩;我们只想指出他们的成绩所以不过如此的原因。前人上了当,后人应该学点乖。我们借鉴于前辈学者的成功与失败,然后可以决定我们现在和将来研究国学的方针。我们不研究古学则已;如要想提倡古学的研究,应该注意这几点:

(1) 扩大研究的范围。

(2) 注意系统的整理。

(3) 博采参考比较的资料。

(一) 怎样扩大研究的范围呢? "国学"在我们的心眼里,只是"国故学"的缩写。中国的一切过去的文化历史,都是我们的"国故";研究这一切过去的历史文化的学问,就是"国故学",省称为"国学"。"国故"这个名词,最为妥当;因为他是一个中立的名词,不含褒贬的意义。"国故"包含"国粹";但他又包含"国渣"。我们若不了解"国渣",如何懂得"国粹"?所以我们现在要扩充国学的领域,包括上下三四千年的过去文化,打破一切的门户成见:拿历史的眼光来整统一切,认清了"国故学"的使命是整理中国一切文化历史,便可以把一切狭陋的门户之见都扫空了。例如治经,郑玄、王肃在历史上固然占一个位置,王弼、何晏也占一个位置,王安石、朱熹也占一个位置,戴震、惠栋也占一个位置,刘逢禄、康有为也占一个位置。段玉裁曾说:

> 校经之法,必以贾还贾,以孔还孔,以陆还陆,以杜还杜,以郑还郑,各得其底本,而后判其理义之是非。……不先正注,疏,释文之底本,则多诬古人。不断其立说之是非,则多误今人。(《经韵楼集·与诸同志书论校书之难》)

我们可借他论校书的话来总论国学;我们也可以说:整治国故,必须以汉还汉,以魏、晋还魏、晋,以唐还唐,以宋还宋,以明还明,以清还清;以古文还古文家,以今文还今文家;以程、朱还程、朱,以陆、王还陆、王,……各还他一个本来面目,然后评判各代各家各人的义理的是非。不还他们的本来面目,则多诬古人。不评判他们的是非,则多误今人。但不先弄明白了他们的本来面目，我们决不配评判他们的是非。

这还是专为经学哲学说法。在文学的方面，也有同样的需要。庙堂的文学固可以研究，但草野的文学也应该研究。在历史的眼光里，今日民间小儿女唱的歌谣，和《诗》三百篇有同等的位置；民间流传的小说，和高文典册有同等的位置，吴敬梓、曹雪芹和关汉卿、马东篱和杜甫、韩愈有同等的位置。故在文学方面，也应该把"三百篇"还给西周、东周之间的无名诗人，把古乐府还给汉、魏、六朝的无名诗人，把唐诗还给唐，把词还给五代、两宋，把小曲杂剧还给元朝，把明、清的小说还给明、清。每一个时代，还他那个时代的特长的文学，然后评判他们的文学的价值。不认明每一个时代的特殊文学，则多诬古人而多误今人。

近来颇有人注意戏曲和小说了；但他们的注意仍不能脱离古董家的习气。他们只看得起宋人的小说，而不知道在历史的眼光里，一本石印小字的《平妖传》和一部精刻的残本《五代史平话》有同样的价值，正如《道藏》里极荒谬的道教经典和《尚书》、《周易》有同等的研究价值。

总之，我们所谓"用历史的眼光来扩大国学研究的范围"，只是要我们大家认清国学是国故学，而国故学包括一切过去的文化历史。历史是多方面的：单记朝代兴亡，固不是历史；单有一宗一派，也不成历史。过去种种，上自思想学术之大，下至一个字，一只山歌之细，都是历史，都属于国学研究的范围。

（二）怎样才是"注意系统的整理"呢？ 学问的进步不单靠积聚材料，还须有系统的整理。系统的整理可分三部说：

（甲）索引式的整理。 不曾整理的材料，没有条理，不容易检寻，最能销磨学者有用的精神才力，最足阻碍学术的进步。若想学问进步增加速度，我们须想出法子来解放学者的精力，使他们的精力用在最经济的方面。例如一部《说文解字》，是最没有条理系统的；向来的学者差不多全靠记忆的苦工夫，方才能用这部书。但这种苦工夫是最不经济的；如果有人能把《说文》重新编制一番（部首依笔画，每部的字也依笔画），再加上一个检字的索引（略如《说文通检》或《说文易检》），那就可省许多无谓的时间与记忆力了。又如一部《二十四史》，有了一部《史姓韵编》，可以省多少精力与时间？清代的学者也有见到这一层的；如章学诚说：

> 窃以典籍浩繁，闻见有限；在博雅者且不能悉究无遗，况其下乎？校雠之先，宜尽取四库之藏，中外之

籍，择其中之人名地名官阶书目，凡一切有名可治有数可稽者，略仿《佩文韵府》之例，悉编为韵；乃于本韵之下，注明原书出处及先后篇第；自一见再见，以至数千百，皆详注之；藏之馆中，以为群书之总类。至校书之时，遇有疑似之处，即名而求其编韵，因韵而检其本书，参互错综，即可得其至是。此则渊博之儒穷毕生年力而不可究殚者，今即中才校勘可坐收于几席之间，非校雠之良法欤？（《校雠通义》）

当日的学者如朱筠、戴震等，都有这个见解，但这件事不容易做到，直到阮元得势力的时候，方才集合许多学者，合力做成一部空前的《经籍纂诂》，"展一韵而众字毕备，检一字而诸训皆存，寻一训而原书可识"（王引之序）；"即字而审其义，依韵而类其字，有本训，有转训，次叙布列，若网在纲"（钱大昕序）。这种书的功用，在于节省学者的功力，使学者不疲于功力之细碎，而省出精力来做更有用的事业。后来这一类的书被科场士子用作夹带的东西，用作抄窃的工具，所以有许多学者竟以用这种书为可耻的事。这是大错的。这一类"索引"式的整理，乃是系统的整理的最低而最不可少的一步；没有这一步的预备，国学止限于少数有天才而又有闲空工夫的少数人；并且这些少数人也要因功力的拖累而减少他们的成绩。偌大的事业,应该有许多人分担去做的,却落在少数人的肩膀上:这是国学所以不能发达的一个重要原因。所以我们主张,国学的系统的整理的第一步要提倡这种"索引"式的整理,把一切大部的书或不容易检查的书,一概编成索引,使人人能用古书。人人能用古书,是提倡国学的第一步。

(乙)结账式的整理。 商人开店,到了年底,总要把这一年的账结算一次,要晓得前一年的盈亏和年底的存货,然后继续进行,做明年的生意。一种学术到了一个时期,也有总结账的必要。学术上结账的用处有两层:一是把这一种学术里已经不成问题的部分整理出来,交给社会;二是把那不能解决的部分特别提出来,引起学者的注意,使学者知道何处有隙可乘,有功可立,有困难可以征服。结账是(1)结束从前的成绩,(2)预备将来努力的新方向。前者是预备普及的,后者是预备继长增高的。古代结账的书,如李鼎祚的《周易集解》,如陆德明的《经典释文》,如唐、宋的《十三经注疏》,如朱熹的《四书》,《诗集传》,《易本义》等,所以都在后世发生很大的影响,全是这个道理。三百年来,学者都不肯轻易做这种结账的事业。二千四百多卷的《清经解》,除了极少数之外,都只是一堆"流水"烂账,没有条理,没有系统;人人从"粤若稽古"、"关关雎鸠"说起，人人做的都是杂记式的稿本！怪不得学者看了要"望洋兴叹"了；怪不得国学有沦亡之忧了。我们试看科举时代投机的书坊肯费整年的工夫来编一部《皇清经解缩本编目》，便可以明白索引式的整理的需要；我们又看那时代的书坊肯费几年的工夫来编一部《皇清经解分经汇纂》，便又可以明白结账式的整理的需要了。现在学问的途径多了，学者的时间与精力更有经济的必要了。例如《诗经》，二千年研究的结果，究竟到了什么田地，很少人说得出的，只因为二千年的《诗经》烂账至今不曾有一次的总结算。宋人驳了汉人，清人推翻了宋人，自以为回到汉人：至今《诗经》的研究，音韵自音韵，训诂自训诂，异文自异文，序说自序说，各不相关连。少年的学者想要研究《诗经》的，伸头望一望，只看见一屋子的烂账簿，吓得吐舌缩不进去，只好叹口气，"算了罢！"《诗经》在今日所以渐渐无人过问，是少年人的罪过呢？还是《诗经》的专家的罪过呢？我们以为，我们若想少年学者研究《诗经》，我们应该把《诗经》这笔烂账结算一遍，造成一笔总账。《诗经》的总账里应该包括这四大项：

（A）异文的校勘：总结王应麟以来，直到陈乔枞、李富孙等校勘异文的账。

（B）古韵的考究：总结吴棫、朱熹、陈第、顾炎武以来考证古音的账。

（C）训诂：总结毛公、郑玄以来直到胡承珙、马瑞辰、陈奂，二千多年训诂的账。

（D）见解（序说）：总结《诗序》、《诗辨妄》、《诗集传》、《伪诗传》，姚际恒、崔述、龚橙、方玉润……等二千年猜迷的账。

有了这一本总账，然后可以使大多数的学子容易踏进"《诗经》研究"之门：这是普及。入门之后，方才可以希望他们之中有些人出来继续研究那总账里未曾解决的悬账：这是提高。《诗经》如此，一切古书古学都是如此。我们试看前清用全力治经学，而经学的书不能流传于社会，倒是那几部用余力做的《墨子间诂》，《荀子集解》，《庄子集释》一类结账式的书流传最广。这不可以使我们觉悟结账式的整理的重要吗？

（丙）专史式的整理。　索引式的整理是要使古书人人能用；结账式的整理是要使古书人人能读：这两项都只是提倡国学的设备。但我们在上文曾主张，国学的使命是要使大家懂得中国的过去的文化史；国学的方法是要用历史的眼光来整理一切过去文化的历史。国学的目的是要做成中国文化史。国学的系统的研究，要以此为归宿。一切国学的研究，无论时代古今，无论问题大小，都要朝着这一个大方向走。

只有这个目的可以整统一切材料；只有这个任务可以容纳一切努力；只有这种眼光可以破除一切门户畛域。

我们理想中的国学研究，至少有这样的一个系统：

中国文化史：（一）民族史；（二）语言文字史；（三）经济史；（四）政治史；（五）国际交通史；（六）思想学术史；（七）宗教史；（八）文艺史；（九）风俗史；（十）制度史。

这是一个总系统。历史不是一件人人能做的事；历史家须要有两种必不可少的能力：一是精密的功力，一是高远的想像。没有精密的功力，不能做搜求和评判史料的工夫；没有高远的想像力，不能构造历史的系统。况且中国这么大，历史这么长，材料这么多，除了分功合作之外，更无他种方法可以达到这个大目的。但我们又觉得，国故的材料太纷繁了，若不先做一番历史的整理工夫，初学的人实在无从下手，无从入门。后来的材料也无所统属；材料无所统属，是国学纷乱烦碎的重要原因。所以我们主张，应该分这几个步骤：

第一，用现在力所能搜集考定的材料，因陋就简的先做成各种专史，如经济史，文学史，哲学史，数学史，宗教史，……之类。这是一些大间架，他们的用处只是要使现在和将来的材料有一个附丽的地方。

第二，专史之中，自然还可分子目，如经济史可分时代,又可分区域;如文学史哲学史可分时代,又可分宗派,又可专治一人;如宗教史可分时代,可专治一教,或一宗派,或一派中的一人。这种子目的研究是学问进步必不可少的条件。治国学的人应该各就"性之所近而力之所能勉者",用历史的方法与眼光担任一部分的研究。子目的研究是专史修正的唯一源头,也是通史修正的唯一源头。

(三)怎样"博采参考比较的资料"呢? 向来的学者误认"国学"的"国"字是国界的表示,所以不承认"比较的研究"的功用。最浅陋的是用"附会"来代替"比较":他们说基督教是墨教的绪余,墨家的"巨子"即是"矩子",而"矩子"即是十字架!……附会是我们应该排斥的,但比较的研究是我们应该提倡的。有许多现象,孤立的说来说去,总说不通,总说不明白;一有了比较,竟不须解释,自然明白了。例如一个"之"字,古人说来说去,总不明白;现在我们懂得西洋文法学上的术语,只须说某种"之"字是内动词(由是而之焉),某种是介词(贼夫人之子),某种是指物形容词(之子于归),某种是代名词的第三身用在目的位(爱之能勿劳乎),就都明白分明了。又如封建制度,向来被那方块头的分封说欺骗了,所以说来说去,总不明白;现在我们用欧洲中古的封建制度和日本的封建制度来比较,就容易明白了。音韵学上,比较的研究最有功效。用广东音可以考"侵"、"覃"各韵的古音，可以考古代入声各韵的区别。近时西洋学者如Karlgren，如Baron von Stal-Holstein，用梵文原本来对照汉文译音的文字，很可以帮助我们解决古音学上的许多困难问题。不但如此：日本语里，朝鲜语里，安南语里，都保存有中国古音可以供我们的参考比较。西藏文自唐朝以来，音读虽变了，而文字的拼法不曾变，更可以供我们的参考比较，也许可以帮助我们发现中国古音里有许多奇怪的复辅音呢。制度史上，这种比较的材料也极重要。懂得了西洋的议会制度史，我们更可以了解中国御史制度的性质与价值；懂得了欧美高等教育制度史，我们更能了解中国近一千年来的书院制度的性质与价值。哲学史上，这种比较的材料已发生很大的助力了。《墨子》里的《经上、下》诸篇，若没有印度因明学和欧洲哲学作参考，恐怕至今还是几篇无人能解的奇书。韩非，王莽，王安石，李贽，……一班人，若没有西洋思想作比较，恐怕至今还是沉冤莫白。看惯了近世国家注重财政的趋势，自然不觉得李觏、王安石的政治思想的可怪了。懂得了近世社会主义的政策，自然不能不佩服王莽、王安石的见解和魄力了。《易·系辞传》里"易者，象也"的理论，得柏拉图的"法象论"的比较而更明白；荀卿书里"类不悖，虽久同理"的理论，得亚里士多德的"类不变论"的参考而更易懂。这都是明显的例。至于文学史上，小说戏曲近年忽然受学者的看重,民间俗歌近年渐渐引起学者的注意,都是和西洋文学接触比较的功效更不消说了。此外,如宗教的研究,民俗的研究,美术的研究,也都是不能不利用参考比较的材料的。

以上随便举的例,只是要说明比较参考的重要。我们现在治国学,必须要打破闭关孤立的态度,要存比较研究的虚心。第一,方法上,西洋学者研究古学的方法早已影响日本的学术界了,而我们还在冥行索涂的时期。我们此时应该虚心采用他们的科学的方法,补救我们没有条理系统的习惯。第二,材料上,欧美日本学术界有无数的成绩可以供我们的参考比较,可以给我们开无数新法门,可以给我们添无数借鉴的镜子。学术的大仇敌是孤陋寡闻;孤陋寡闻的唯一良药是博采参考比较的材料。

我们观察这三百年的古学史,研究这三百年的学者的缺陷,知道他们的缺陷都是可以补救的;我们又返观现在古学研究的趋势,明白了世界学者供给我们参考比较的好机会,所以我们对于国学的前途,不但不抱悲观,并且还抱无穷的乐观。我们认清了国学前途的黑暗与光明全靠我们努力的方向对不对。因此,我们提出这三个方向来做我们一班同志互相督责勉励的条件:

第一,用历史的眼光来扩大国学研究的范围。

第二，用系统的整理来部勒国学研究的资料。

第三，用比较的研究来帮助国学的材料的整理与解释。

（原载1923年1月《国学季刊》第1卷第1号，又载1923年3月12日至14日《北京大学日刊》）

古史讨论的读后感

《读书杂志》上顾颉刚,钱玄同,刘掞藜,胡堇人四位先生讨论古史的文章,已做了八万字,经过了九个月,至今还不曾结束。这一件事可算是中国学术界的一件极可喜的事,他在中国史学史上的重要一定不亚于丁在君先生们发起的科学与人生观的讨论在中国思想史上的重要。这半年多的《努力》和《读书杂志》的读者也许嫌这两组大论争太繁重了,太沉闷了;然而我们可以断言这两组的文章是《努力》出世以来最有永久价值的文章。在最近的将来,我这个武断的估价就会有多人承认的。

这一次古史的讨论里最侥幸的是双方的旗鼓相当,阵势都很整严,所以讨论最有精采。顾先生说的真不错:

> 中国的古史全是一篇糊涂账。二千余年来随口编

造，其中不知有多少罅漏，可以看得出它是假造的。但经过了二千余年的编造，能够成立一个系统，自然随处也有它的自卫的理由。现在我尽寻它的罅漏，刘先生尽寻它的自卫的理由，这是一件很好的事。即使不能遽得结论，但经过了长时间的讨论，至少可以指出一个公认的信信和疑疑的限度来，这是无疑的。

我们希望双方的论主都依着这个态度去搜求证据。这一次讨论的目的是要明白古史的真相。双方都希望求得真相，并不是顾先生对古史有仇，而刘先生对古史有恩。他们的目的既同，他们的方法也只有一条路：就是寻求证据。只有证据的充分与不充分是他们论战胜败的标准，也是我们信仰与怀疑的标准。

现在双方的讨论都暂时休战了，——顾先生登有启事，刘先生也没有续稿寄来。我趁这个机会，研究他们的文章，忍不住要说几句旁观的话，就借着现在最时髦的名称"读后感"写了出来，请四位先生指教。

第一，所谓"影响人心"的问题。这是开宗明义的要点，我们先要说明白。刘先生说：

> 因为这种翻案的议论，这种怀疑的精神，很有影响

于我国的人心和史界,心有所欲言,不敢不告也。(十三期)

他又说:

先生这个翻案很足影响人心;我所不安,不敢不吐。(十六期)

否认古史某部分的真实,可以影响于史界,那是自然的事。但这事决不会在人心上发生恶影响。我们不信盘古氏和天皇、地皇、人皇氏,人心并不因此变坏。假使我们进一步,不能不否认神农、黄帝了,人心也并不因此变坏。假使我们更进一步,又不能不否认尧、舜和禹了,人心也并不因此变坏。——岂但不变坏?如果我们的翻案是有充分理由的,我们的翻案只算是破了一件几千年的大骗案,于人心只有好影响,而无恶影响。即使我们的证据不够完全翻案,只够引起我们对于古史某部分的怀疑,这也是警告人们不要轻易信仰,这也是好影响,并不是恶影响。本来刘先生并不曾明说这种影响的善恶,也许他单指人们信仰动摇。但这几个月以来,北京很有几位老先生深怪顾先生"忍心害理",所以我不能不替他伸辩一句。这回的论争是一个真伪问题;

去伪存真,决不会有害于人心。譬如猪八戒抱住了假唐僧的头颅痛哭,孙行者告诉他那是一块木头,不是人头,猪八戒只该欢喜,不该恼怒。又如穷人拾得一圆假银圆,心里高兴,我们难道因为他高兴就不该指出那是假银圆吗?上帝的观念固然可以给人们不少的安慰,但上帝若真是可疑的,我们不能因为人们的安慰就不肯怀疑上帝的存在了。上帝尚且如此,何况一个禹?何况黄帝、尧、舜?吴稚晖先生曾说起黄以周在南菁书院做山长时,他房间里的壁上有八个大字的座右铭:

实事求是,莫作调人。

我请用这八个字贡献给讨论古史的诸位先生。

第二,顾先生的"层累地造成的古史"的见解真是今日史学界的一大贡献,我们应该虚心地仔细研究他,虚心地试验他,不应该叫我们的成见阻碍这个重要观念的承受。这几个月的讨论不幸渐渐地走向琐屑的枝叶上去了;我恐怕一般读者被这几万字的讨论迷住了,或者竟忽略了这个中心的见解,所以我要把他重提出来,重引起大家的注意。顾先生自己说"层累地造成的古史"有三个意思:

(1)可以说明时代愈后,传说的古史期愈长。

(2) 可以说明时代愈后，传说中的中心人物愈放愈大。

(3) 我们在这上，即不能知道某一件事的真确的状况，也可以知道某一件事在传说中的最早状况。

这三层意思都是治古史的重要工具。顾先生的这个见解，我想叫他做"剥皮主义"。譬如剥笋，剥进去方才有笋可吃。这个见解起于崔述；崔述曾说：

> 世益古则其取舍益慎，世益晚则其采择益杂。故孔子序《书》，断自唐虞；而司马迁作《史记》乃始于黄帝。……近世以来……乃始于庖牺氏或天皇氏，甚至有始于开辟之初盘古氏者。……嗟夫，嗟夫，彼古人者诚不料后人之学之博之至于如是也！（《考信录·提要》上，二二）

崔述剥古史的皮，仅剥到"经"为止，还不算彻底。顾先生还要进一步，不但剥的更深，并且还要研究那一层一层的皮是怎样堆砌起来的。他说：

> 我们看史迹的整理还轻，而看传说的经历却重。凡是一件史事，应看他最先是怎样，以后逐步逐步的变迁是怎样。

这种见解重在每一种传说的"经历"与演进。这是用历史演进的见解来观察历史上的传说。

这是顾先生这一次讨论古史的根本见解,也就是他的根本方法。他初次应用这方法,在百忙中批评古史的全部,也许不免有些微细的错误。但他这个根本观念是颠扑不破的,他这个根本方法是愈用愈见功效的。他的方法所以总括成下列的方式:

(1)把每一件史事的种种传说,依先后出现的次序,排列起来。

(2)研究这件史事在每一个时代有什么样子的传说。

(3)研究这件史事的渐演进:由简单变为复杂,由陋野变为雅驯,由地方的(局部的)变为全国的,由神变为人,由神话变为史事,由寓言变为事实。

(4)遇可能时,解释每一次演变的原因。

他举的例是"禹的演进史"。

禹的演进史,至今没有讨论完毕,但我们不要忘了禹的问题只是一个例,不要忘了顾先生的主要观点在于研究传说的经历。

我在几年前也曾用这个方法来研究一个历史问题——井田制度。我把关于井田制度的种种传说,依出现的先后,排成一种井田论的演进史:

(1)《孟子》的井田论很不清楚,又不完全。

(2)汉初写定的《公羊传》只有"什一而藉"一句。

(3)汉初写定的《穀梁传》说的详细一点,但只是一些"望文生义"的注语。

(4)汉文帝时的《王制》是依据《孟子》而稍加详的,但也没有分明的井田制。

(5)文、景之间的《韩诗外传》演述《穀梁传》的话,做出一种清楚分明的井田论。

(6)《周礼》更晚出,里面的井田制就很详细,很整齐,又很烦密了。

(7)班固的《食货志》参酌《周礼》与《韩诗》的井田制,并成一种调和的制度。

(8)何休的《公羊解诂》更晚出,于是参考《孟子》、《王制》、《周礼》、《韩诗》的各种制度,另做成一种井田制。

(看《胡适文存》二,页二六四——二八一)

这一个例也许可以帮助读者明了顾先生的方法的意义,所以我引他在这儿,其实古史上的故事没有一件不曾经过这样的演进,也没有一件不可用这个历史演进的(evolutionary)方法去研究。尧、舜、禹的故事,黄帝、神农、庖牺的故事,汤的故事,伊尹的故事,后稷的故事,文王的故事，太公的故事，周公的故事，都可以做这个方法的实验品。

第三，我们既申说了顾先生的根本方法，也应该考察考察刘胦藜先生的根本态度与方法。刘先生自己说：

> 我对于古史，只采取"察传"的态度，参之以情，验之以理，断之以证。（《读书杂志》十三期）

他又说：

> 我对于经书或任何子书，不敢妄信，但也不敢闭着眼睛，一笔抹杀；总须度之以情，验之以理，决之以证。

这话粗看上去似乎很可满人意了。但仔细看来，这里面颇含有危险的分子。"断之以证"固是很好，但"情"是什么？"理"又是什么？刘先生自己虽没有下定义，但我们看他和钱玄同先生讨论的话，一则说：

> 但是我们知道文王至仁。

再则说：

> 我们也知道周公至仁。

依科学的史家的标准，我们要问，我们如何知道文王、周公的至仁呢？"至仁"的话是谁说的？起于什么时代？刘先生信"文王至仁"为原则，而以"执讯连连，攸馘安安"为例外；又信"周公至仁"为原则，而以破斧缺斨为例外。不知在史学上，《皇矣》与《破斧》之诗正是史料，而至仁之说却是后起的传说变成的成见。成见久据于脑中，不经考察，久而久之便成了情与理了。

刘先生列举情，理，证，三者，而证在最后一点。他说"参之以情"，又说"度之以情"。崔述曾痛论这个方法的危险道：

> 人之情好以己度人，以今度古……往往迳庭悬隔，而其人终不自知也……以己度人，虽耳目之前而必失之。况欲以度古人，……岂有当乎？（《考信录·提要》上，四）

作《皇矣》诗的人并无"王季、文王是纣臣"的成见，作

《破斧》诗的人也并无"周公圣人"的成见；而我们生在几千年后，从小就灌饱了无数后起的传说，于今戴着传说的眼镜去读诗，自以为"度之以情"，而不知只是度之以成见呵。

至于"验之以理"，更危险了。历史家只应该从材料里，从证据里，去寻出客观的条理。如果我们先存一个"理"在脑中，用理去"验"事物，那样的"理"往往只是一些主观的意见。例如刘先生断定《国语》、《左传》说烈山氏之子柱能殖百谷百蔬的话不是凭空杜撰的，他列举二"理"，证明烈山氏时有"殖百谷百蔬"的可能。他所谓"理"，正是我们所谓"意见"。如他说：

> 人必借动植物以生；既有动植物矣，则必有谷有蔬也无疑。夫所谓种植耕稼者，不过以一举手一投足之劳，扫荒秽，培所欲之植物而已。此植物即所谓"百谷百蔬"也（《读书杂志》十五，圈点依原文）。

这是全无历史演进眼光的臆说。稍研究人类初民生活的人，都知道一技一术在今日视为"不过一举手一投足之劳"的，在初民社会里往往须经过很长的时期而后偶然发明。"借动植物以生"是一件事，而"种植耕稼"另是一件事。种植耕稼须假定（1）辨认种类的能力，(2) 预料将来收获的能力，(3)造器械的能力，(4)用人工补助天行的能力，(5)比较有定居的生活，……等等条件备具，方才有农业可说。故治古史的人，若不先研究人类学社会学，决不能了解先民创造一技一艺时的艰难，正如我们成年的人高谈阔论而笑小孩子牙牙学语的困难；名为"验之以理"，而其实仍是"以己度人，以今度古"。

最后是"断之以证"。在史学上证据固然最重要，但刘先生以情与理揣度古史，而后"断之以证"，这样的方法很有危险。我们试引刘先生驳顾先生论古代版图的一段做例。《尧典》的版图有交趾，顾先生疑心那是秦、汉的疆域。刘先生驳他道：

> 就我所知，春秋之末，秦汉之前，竟时时有人道及交趾，甚且是尧舜抚有交趾。

他引四条证据：

(a)《墨子·节用中》。(b)《尸子》佚文。

(c)《韩非子·十过》。(d)《大戴礼记·少闲》。

《大戴礼》是汉儒所作，刘先生也承认。前面三条，刘先生说"总可认为战国时文"。——这一层我们姑且不和他辩；

我们姑且依他承认此三条为"战国时文"。依顾先生的方法，这三条至多不过证明战国时有人知有交趾罢了。然而刘先生的"断之以证"的方法却真大胆！他说：

> 知有交趾，则是早已与交趾有关系了。但是我们知道春秋、东周、西周、商、夏都与交趾没有来往，是墨子、尸子、韩非等所言，实由尧之抚有交趾也（圈是我加的）。

战国时的一句话，即使是真的，便可以证明二千年前的尧时的版图，这是什么证据？况且刘先生明明承认"《春秋》东周、西周、商、夏都与交趾没有来往"；若依顾先生的方法，单这一句已可以证明《尧典》为秦汉时的伪书了。

我们对于"证据"的态度是：一切史料都是证据。但史家要问：(1)这种证据是在什么地方寻出的？(2)什么时候寻出的？(3)什么人寻出的？(4)地方和时候上看起来，这个人有做证人的资格吗？(5)这个人虽有证人资格，而他说这句话时有作伪（无心的，或有意的）的可能吗？

刘先生对于这一层，似乎不很讲究。如他上文举的三条证据，(a)《墨子·节用》篇屡称"子墨子曰"，自然不是

"春秋之末"的作品。(b)尸佼的有无，本不可考；《尸子》原书已亡，依许多佚文看来，此书大概作于战国末年，或竟是更晚之作。(c)《韩非子》一书本是杂凑起来的；《十过》一篇，中叙秦攻宜阳一段，显然可证此篇不是韩非所作，与《初见秦》等篇同为后人伪作的。而刘先生却以为"以韩非之疑古，犹且称道之"。不知《显学》篇明说"明据先王，必定尧、舜者，非愚则诬也"；《五蠹》篇明说"今有美尧、舜、汤、武、禹之道于当今之世者，必为新圣笑矣"。即用此疑古的两篇作标准，已可以证明《十过篇》之为伪作而无疑。这些东西如何可作证据用呢？

以上所说，不过是我个人的读后感。内中颇有偏袒顾先生的嫌疑，我也不用讳饰了。但我对于刘掞藜先生搜求材料的勤苦，是十分佩服的；我对他的批评，全无恶感，只有责备求全之意，只希望他对他自己治史学的方法有一种自觉的评判，只希望他对自己搜来的材料也有一种较严刻的评判，而不仅仅奋勇替几个传说的古圣王作辩护士。行文时说话偶有不检点之处，我也希望他不至于见怪。

十三，二，八

（原载1924年2月22日《读书杂志》第18期）

清代学者的治学方法

一

研究欧洲学术史的人知道科学方法不是专讲方法论的哲学家所发明的,是实验室里的科学家所发明的,不是亚里士多德(Aristotle),倍根(Bacon),弥儿(Mill)一般人提倡出来的,是格利赖(Galileo),牛敦(Newton),勃里斯来(Priestley)一般人实地试行出来的。即如世人所推为归纳论理的始祖的倍根,他不过曾提倡知识的实用和事实的重要,故略带着科学的精神。其实他所主张的方法,实行起来,全不能适用,决不能当"科学方法"的尊号。后来科学大发达,科学的方法已经成了一切实验室的公用品,故弥儿能把那时科学家所用的方法编理出来,称为归纳法的五种细则。但是弥儿的区分，依科学家的眼光看来，仍旧不是科学用来发明真理解释自然的方法的全部。弥儿和倍根都把演绎法看得太轻了，以为只有归纳法是科学方法。近来的科学家和哲学家渐渐的懂得假设和证验都是科学方法所不可少的主要分子，渐渐的明白科学方法不单是归纳法，是演绎和归纳互相为用的，忽而归纳，忽而演绎，忽而又归纳；时而由个体事物到全称的通则，时而由全称的假设到个体的事实，都是不可少的。我们试看古今来多少科学的大发明，便可明白这个道理。更浅一点，我们走进化学实验室里去做完一小盒材料的定性分析，也就可以明白科学的方法不单是归纳一项了。

欧洲科学发达了二三百年，直到于今方才有比较的圆满的科学方法论。这都是因为高谈方法的哲学家和发明方法的科学家向来不很接近，所以高谈方法的人至多不过能得到一点科学的精神和科学的趋势；所以创造科学方法和实用科学方法的人，也只顾他自己研究试验的应用，不能用哲学综合的眼光把科学方法的各方面详细表示出来，使人了解。哲学家没有科学的经验，决不能讲圆满的科学方法论。科学家没有哲学的兴趣，也决不能讲圆满的科学方法论。

不但欧洲学术史可以证明我这两句话，中国的学术史也可以引来作证。

二

当印度系的哲学盛行之后,中国系的哲学复兴之初,第一个重要问题就是方法论,就是一种逻辑。那个时候,程子到朱子的时候,禅宗盛行,一个"禅"字几乎可以代表佛学。佛学中最讲究逻辑的几个宗派,如三论宗和法相宗都很不容易研究,经不起少许政府的摧残,就很衰微了。只有那"明心见性,不立文字"的禅宗,仍旧风行一世。但是禅宗的方法完全是主观的顿悟,决不是多数人"自悟悟他"的方法。宋儒最初有几个人曾采用道士派关起门来虚造宇宙论的方法,如周濂溪、邵康节一班人。但是他们只造出几种道士气的宇宙观,并不曾留下什么方法论。直到后来宋儒把《礼记》里面一篇一千七百五十个字的《大学》提出来,方才算是寻得了中国近世哲学的方法论。自此以后,直到明代和清代,这篇一千七百五十个字的小书仍旧是各家哲学争论的焦点。程、朱、陆、王之争,不用说了。直到二十多年前康有为的《长兴学记》里还争论"格物"两个字究竟怎样解说呢!

《大学》的方法论,最重要的是"致知在格物"五个字。程子、朱子一派的解说是:

所谓"致知在格物"者，言欲致吾之知，在即物而穷其理也。盖人心之灵莫不有知，而天下之物莫不有理。惟于理有未穷，故其知有不尽也。是以《大学》始教，必使学者即凡天下之物，莫不因其已知之理而益穷之，以求至乎其极。至于用力之久，而一旦豁然贯通焉，则众物之表里精粗无不到，而吾心之全体大用无不明矣。（朱子补《大学》第五章）

这一种"格物"说便是程、朱一派的方法论。这里面有几点很可注意。(1) 他们把"格"字作"至"字解，朱子用的"即"字，也是"到"的意思。"即物而穷其理"是自己去到事物上寻出物的道理来。这便是归纳的精神。(2)"即凡天下之物，莫不因其已知之理而益穷之，以求至乎其极"，这是很伟大的希望。科学的目的，也不过如此。小程子也说，"语其大至天地之高厚，语其小至一物之所以然，学者皆当理会。"倘宋代的学者真能抱着这个目的做去，也许做出一些科学的成绩。

但是这种方法何以没有科学的成绩呢？这也有种种原因。(1) 科学的工具器械不够用。(2) 没有科学应用的需要。科学虽不专为实用，但实用是科学发展的一个绝大原因。小程子临死时说，"道著用，便不是。"这种绝对非功用说，如何能使科学有发达的动机？(3) 他们既不讲实用，又不能有纯粹的爱真理的态度。他们口说"致知"，但他们所希望的，并不是这个物的理和那个物的理，乃是一种最后的绝对真理。小程子说，"今日格一件，明日格一件，积习既多，然后脱然有贯通处"。又说，"自一身之中，至万物之理，但理会得多，自然豁然有觉悟处"。朱子上文说的"至于用力之久，而一旦豁然贯通焉，则众物之表里精粗无不到，而吾心之全体大用无不明矣。"这都可证宋儒虽然说"今日格一事，明日格一事"，但他们的目的并不在今日明日格的这一事。他们所希望的是那"一旦豁然贯通"的绝对的智慧。这是科学的反面。科学所求的知识正是这物那物的道理，并不妄想那最后的无上智慧。丢了具体的物理，去求那"一旦豁然贯通"的大彻大悟，决没有科学。

再论这方法本身也有一个大缺点。科学方法的两个重要部分，一是假设，一是实验。没有假设，便用不着实验。宋儒讲格物全不注重假设。如小程子说，"致知在格物，物来则知起。物各付物，不役其知，则意诚不动"。天下那有"不役其知"的格物？这是受了《乐记》和《淮南子》所说"人生而静，天之性也，感于物而动，性之欲也"那种知识论的毒。"不役其知"的格物，是完全被动的观察，没有假设的解释，也不用实验的证明。这种格物如何能有科学的发明？

但是我们平心而论，宋儒的格物说，究竟可算得是含有一点归纳的精神。"即凡天下之物，莫不因其已知之理而益穷之"一句话里，的确含有科学的基础。朱子一生有时颇能做一点实地的观察。我且举朱子《语录》里的两个例：——

（1）今登高山而望，群山皆为波浪之状，便是水泛如此。只不知因什么事凝了。

（2）尝见高山有螺蚌壳，或生石中。此石即旧日之土，螺蚌即水中之物。下者却变而为高，柔者却变而为刚。此事思之至深，有可验者。

这两条都可见朱子颇能实行格物。他这种观察，断案虽不正确，已很可使人佩服。西洋的地质学者，观察同类的现状，加上胆大的假设，作为有系统的研究，便成了历史的地质学。

三

起初小程子把"格物"的物字解作"语其大至天地之高厚，语其小至一物之所以然"，又解作"自一身之中，至万物之理"。这个"物"的范围，简直是科学的范围。但是当科学器械不完备的时候,这样的科学野心,不但做不到,简直是妄想。所以小程子自己先把"物"的范围缩小了。他说"穷理亦多端,或读书讲明义理,或论古今人物,别其是非,或应接事物,处其当然:皆穷理也。"这是把"物"字缩到"穷经,应事,尚论古人"三项。后来朱子便依着小程子所定的范围。朱子是一个读书极博的人,他的一生精力大半都用在"读书穷理","读书求义"上。他曾费了大工夫把《四子书》、《四经》(《易》,《诗》,《书》,《春秋》)自汉至唐的注疏细细整理一番,删去那些太繁的和那些太讲不通的,又加上许多自己的见解,做成了几部简明贯串的集注。这几部书,八百年来,在中国发生了莫大的势力。他在《大学》、《中庸》两部书上用力更多。每一部书有《章句》,又有《或问》,《中庸》还有《辑略》。他教人看《大学》的法子,"须先读本文,念得,次将《章句》来解本文,又将《或问》来参《章句》,须逐一令记得,反复寻究,待他浃洽,既逐段晓得,将来统看温寻过,这方始是。"看这一条,可以想见朱子的格物方法在经学上的应用。

他这种方法是很繁琐的。在那禅学盛行的时代,这种方法自然很受一些人的攻击。陆子批评他道:"易简工夫终久大,支离事业竟浮沉。""支离事业"就是朱子一派的"传注"工夫。陆子自己说:"学苟知本,则《六经》皆我注脚。"又说,"《六经》注我,我注《六经》"。他所说的"本",就是自己的心。他说,"宇宙即是吾心,吾心即是宇宙"。他又说,"万物皆备于我。只要明理。然理不解自明,须是隆师亲友"。

朱子说,"人心之灵,莫不有知,而天下之物,莫不有理"。这是说"理"在物中,不在心内,故必须去寻求研究。陆子说,"此心此理,实不容有二"。心就是理,理本在心中,故说"理不解自明"。这种学说和程、朱一系所说"即物而穷其理"的方法,根本上立于反对的地位。

后来明代王阳明也攻击朱子的格物方法。阳明说:

> 众人只说格物要依晦翁,何曾把他的说去用。我着实曾用来。初年与钱友同论做圣贤要格天下之物,因指亭前竹子,令去格看。钱子早夜去穷格竹子的道理,竭其心思,至于三日,便致劳神成疾。当初说他是精力不足,某因自去穷格,早夜不得其理,到七日亦以劳思致疾。遂相与叹,圣贤是做不得的,无他大力量去格物了!

王阳明这样挖苦朱子的方法,虽然太刻薄一点,其实是很切实的批评。朱子一系的人何尝真做过"即凡天下之物,莫不因其已知之理而益穷之"的工夫？朱子自己说："夫天下之物，莫不有理，而其精蕴则已具于圣贤之书，故必由是以求之。"从"天下之物"缩小到"圣贤之书"，这一步可算跨得远了！

王阳明自己主张的方法大致和陆象山相同。阳明说："心外无物。"又说："物者，事也。凡意之所发，必有其事。意所在之事谓之物。"又说："如吾心发一念孝亲，即孝亲便是物。"他把"格"字当作"正"字解，他说："格者，正也，正其不正以归于正也。"他把"致知"解作"致吾心之良知"，故要人"于其良知所知之善者，即其意之所在之物，而实为之，无有乎不尽；于其良知所知之恶者，即其意之所在之物，而实去之，无有乎不尽"。这就是格物。

陆、王一派把"物"的范围限于吾心意念所在的事物，初看去似乎比程、朱一派的"物"的范围缩小得多了。其实并不然。程、朱一派高谈"即凡天下之物"，其实只有"圣贤之书"是他们的"物"。陆、王明明承认"格天下之物"是做不到的事，故把范围收小，限定"意所在之事谓之物"。但是陆、王都主张"心外无物"的，故"意所在之事"一句话的范围可大到无穷，比程、朱的"圣贤之书"广大得多了。还有一层，陆、王一派极力提倡个人良知的自由，故陆子说，"《六经》为我注脚"，王子说，"夫学贵得之心，求之于心而非也，虽其言之出于孔子，不敢以为是也"。这种独立自由的精神便是学问革新的动机。

但是独立的思想精神，也是不能单独存在的。陆、王一派的学说，解放思想的束缚是很有功的，但他们偏重主观的见解，不重物观的研究，所以不能得社会上一般人的信用。我们在三四百年后观察程、朱、陆、王的争论，从历史的线索上看起来，可得这样一个结论："程、朱的格物论注重'即物而穷其理'，是很有归纳的精神的。可惜他们存一种被动的态度，要想'不役其知'，以求那豁然贯通的最后一步。那一方面，陆、王的学说主张真理即在心中，抬高个人的思想，用良知的标准来解脱'传注'的束缚。这种自动的精神很可以补救程、朱一派的被动的格物法。程、朱的归纳手续，经过陆、王一派的解放，是中国学术史的一大转机。解放后的思想，重新又采取程、朱的归纳精神，重新经过一番'朴学'的训练，于是有清代学者的科学方法出现，这又是中国学术史的一大转机。"

四

中国旧有的学术，只有清代的"朴学"确有"科学"的精神。"朴学"一个名词包括甚广，大要可分四部分：

（1）文字学（Philology）。包括字音的变迁，文字的假借通转等等。

（2）训诂学。训诂学是用科学的方法，物观的证据，来解释古书文字的意义。

（3）校勘学（Textual Criticism）。校勘学是用科学的方法来校正古书文字的错误。

（4）考订学（Higher Criticism）。考订学是考定古书的真伪，古书的著者，及一切关于著者的问题的学问。

因为范围很广，故不容易寻一个总包各方面的类名。"朴学"又称为"汉学"，又称为"郑学"。这些名词都不十分满人意。比较起来，"汉学"两个字虽然不妥，但很可以代表那时代的历史背景。"汉学"是对于"宋学"而言的。因为当时的学者不满意于宋代以来的性理空谈，故抬出汉儒来，想压倒宋儒的招牌。因此，我们暂时沿用这两个字。

"汉学"这个名词很可表示这一派学者的公同趋向。这个公同趋向就是不满意于宋代以来的学者用主观的见解来做考古学问的方法。这种消极方面的动机，起于经学上所发生的问题，后来方才渐渐的扩充，变成上文所说的四种科学。现在且先看汉学家所攻击的几种方法：——

（1）随意改古书的文字。

（2）不懂古音，用后世的音来读古代的韵文，硬改古音为"叶音"。

(3) 增字解经。例如解"致知"为"致良知"。

(4) 望文生义。例如《论语》"君子耻其言而过其行",本有错误,故"而"字讲不通,宋儒硬解为"耻者,不敢尽之意,过者,欲有余之辞",却不知道"而"字是"之"字之误(皇侃本如此)。

这四项不过是略举几个最大的缺点。现在且举汉学家纠正这种主观的方法的几个例。唐明皇读《尚书·洪范》"无偏无颇,遵王之义",觉得下文都协韵,何以这两句不协韵,于是下敕改"颇"为"陂",使与义字协韵。顾炎武研究古音,以为唐明皇改错了,因为古音"义"字本读为我,故与颇字协韵。他举《易·象传》"鼎耳革,失其义也;覆公,信如何也",又《礼记·表记》"仁者,右也;道者,左也;仁者,人也;道者,义也",证明义字本读为我,故与左字,何字,颇字协韵。

又《易·小过》上六,"弗遇过之,飞鸟离之。"朱子说当作"弗过遇之"。顾炎武引《易·离》九三,"日昃之离,不鼓缶而歌,则大耋之嗟",来证明"离"字古读如罗,与过字协韵,本来不错。

"望文生义"的例如《老子》"行于大道,唯施是畏",王弼与河上公都把"施"字当作"施为"解。王念孙证明

"施"字当读为"迤",作邪字解。他举的证据甚多:(1)《孟子·离娄》,"施从良人之所之",赵岐注,"施者,邪施而行",丁公著音迤。(2)《淮南·齐俗训》,"去非者,非批邪施也",高诱注,"施,微曲也"。(3)《淮南·要略》,"接径直施",高注,"施,邪也"。以上三证,证明施与迤通,《说文》说,"迤,衺行也。"(4)《史记·贾生传》,"庚子日施兮",《汉书》写作"日斜兮"。(5)《韩非子》的《解老》篇解《老子》这一章,也说,"所谓大道也者,端道也。所谓貌施也者,邪道也。"以上两证,证明施字作邪字解。这种考证法还不令人心服吗?

  这几条随便举出的例,可以表示汉学家的方法。他们的方法的根本观念可以分开来说:——

  (1)研究古书,并不是不许人有独立的见解,但是每立一种新见解,必须有物观的证据。

  (2)汉学家的"证据"完全是"例证"。例证就是举例为证。看上文所举的三件事,便可明白"例证"的意思了。

  (3)举例作证是归纳的方法。举的例不多,便是类推(Analogy)的证法。举的例多了,便是正当的归纳法(Induction)了。类推与归纳,不过是程度的区别,其实他们的性质是根本相同的。

  (4)汉学家的归纳手续不是完全被动的,是很能用"假设"的。这是他们和朱子大不相同之处。他们所以能举例作证，正因为他们观察了一些个体的例之后，脑中先已有了一种假设的通则，然后用这通则所包涵的例来证同类的例。他们实际上是用个体的例来证个体的例，精神上实在是把这些个体的例所代表的通则，演绎出来。故他们的方法是归纳和演绎同时并用的科学方法。如上文所举的第一件事，顾炎武研究了许多例，得了"凡义字古音皆读为我"的通则。这是归纳。后来他遇着"无偏无颇，遵王之义"，一个例，就用这个通则来解释他，说这个义字古音读为我，故能与颇字协韵。这是通则的应用，是演绎法。既是一条通则，应该总括一切"义"字，故必须举出这条"义读为我"的例，来证明这条"假设"的确是一条通则。印度因明学的三支，有了"喻体"（大前提），还要加上一个"喻依"（例），就是这个道理。

五

我现在且举几个最精密的长例来表示汉学家的科学方法。清代汉学的成绩，要算文字学的音韵一部分为最大，故我先举钱大昕考定古今音变迁的一条例。钱氏于古音学上有两大发明，一是"古无轻唇音"，一是"古无舌头舌上之分”。前一条我已引在我的《中国哲学史大纲》里了。现在且举他的“古无舌头舌上之分”一条。舌上的音如北方人读“知”、“彻”、“澄”三组的字都是舌上音。舌头音为“端”、“透”、“定”三组的字（西文的DT两母的字）。钱氏发明现读舌上音的字古音都读舌头的音。他举的例如下：

(1)《说文》，“冲读若动”。《书》“惟予冲人”，《释文》“直忠切”。古读直如特，冲子犹童子也。字母家不识古音，读冲为虫，不知古读虫亦如同也。《诗》“蕴隆虫虫”，《释文》，“直忠反”；徐，“徒冬反”。《尔雅》作爞爞，郭，“都冬反”。《韩诗》作烔，音徒冬反。是虫与同，音不异。

(2) 古音中如得。《三仓》云，“中，得也”。《史记·封禅书》“康后与王不相中”；《周勃传》“子胜之尚公主，不相中”。小司马皆训为得。

(3) 古音陟如得。《周礼》“太卜掌三梦之法，……三曰咸陟”。注，“陟之言得也，读如王德翟人之德”。

(4) 古音赵如掉。《诗》“其镈斯赵”，《释文》，“徒了反”。《周礼·考工记》注引此作“其镈斯掉”，大了反。《荀子》杨倞注，“赵读为掉”。

(5) 古音直如特。《诗》“实惟我特”，《释文》，“《韩诗》作直，云相当值也”。《檀弓》“行并植于晋国”，注，“植或为特”。《王制》“天子犆礿”，《释文》“犆音特”。

(6)古音竹如笃。《诗》"绿竹猗猗",《释文》"《韩诗》作藩,音徒沃反",与笃音相近,皆舌音也。笃竹并从竹得声。《论语》"君子笃于亲",《汗简》云,"古文作竺"。《书》"笃不忘",《释文》"本又作竺"。《释诂》,"竺,厚也",《释文》"本又作笃"。《汉书·西域传》,"无雷国北与捐毒接",师古曰,"捐毒即身毒,天毒也"。《张骞传》,"吾贾人转市之身毒国",邓展曰,"毒音督",李奇曰,"一名天竺"。《后汉书·杜笃传》,"摧天督",注,"即天竺国"。然则竺,笃,毒,督,四字同音。

(7)古读猪如都。《檀弓》"洿其宫而猪焉",注,"猪,都也,南方谓都为猪"。《书》,"大野既猪",《史记》作既都。"荥波既猪",《周礼注》引作"荥播既都"。

(8)古读追如堆。《郊特牲》,"母追",《释文》"多雷反"。《枚乘·七发》,"逾岸出追",李善注,"追古堆字"。

(9)古读倬如菿。《诗》"倬彼甫田",《韩诗》作菿。

(10)古读枨如棠。孔子弟子申枨,《史记》作申棠。……因枨有棠音,可悟古读"长"丁丈切,与党音相似,正是音和,非类隔。

(11)古读池如沱。《诗》"虒池北流",《说文》引作"虒沱"。《周礼》职方氏,"并州,其川虖池";《礼记》"晋人将有事于河,必先有事于恶池",即虒沱之异文。

(12) 古读廛如坛。《周礼》廛人，注，"故书廛为坛，杜子春读坛为廛"。"载师以廛里任国中之地"，注，"故书廛或为坛，司农读为廛"。

(13) 古读秩如梯。《书》"平秩东作"，《说文》引作，从丰，弟声。……凡从失之字，如跌，迭，瓞，蛈，诀，皆读舌音，则秩亦有迭音可信也。

(14) 侄娣本双声字。《公羊·释文》"侄，大结反，娣，大计反"，此古音也。《广韵》，侄有"徒结"、"直一"两切。

(15) 古读陈如田。《说文》"田，陈也"。陈完奔齐，以国为氏，而《史记》谓之田氏，是古田陈同声。

钱氏所举的例，不止这十五个，我不能全抄了。看他每举一个例，必先证明那个例；然后从那些证明了的例上求出那"古无舌头舌上之分"的大通则。这里面有几层的归纳，和几层的演绎。他从《诗·释文》、《檀弓·注》、《王制·释文》各例上寻出"古读直如特"的一条通则，便是一层归纳。他用同样的方法去寻出"古读竹如笃"，"古读猪如都"等等通则，便是十几次的归纳。然后把这许多通则贯串综合起来，求出"古读舌上音皆为舌头音"的大通则，便是一层大归纳。经过这层大归纳之后，有了这个大通则，再看这个通则有没有例外。如字书读冲为虫，他便可应用这条大通则,说虫字古时也读如"同"。这是演绎。他怕演绎的证法还不能使人心服,故又去寻个体的例,如虫字的"直忠"和"都冬"两切,证明虫字古读如同。这又是归纳了。

这是汉学家研究音韵学的方法。三百年来的音韵学所以能成一种有系统有价值的科学,正因为那些研究音韵的人,自顾炎武直到章太炎都能用这种科学的方法,都能有这种科学的精神。

六

我再举一个训诂学的例。清代讲训诂的方法,到王念孙、王引之父子两人,方才完备。二王以后,俞樾、孙诒让一班人都跳不出他们两人的范围。王氏父子所著的《经传释词》,可算得清代训诂学家所著的最有统系的书,故我举的例也是从这部书里来的。古人注书最讲不通的,就是古书里所用的"虚字"。"虚字"在文法上的作用最大,最重要。古人没有文法学上的名词,一切统称为"虚字"(语词,语助词等等),已经是很大的缺点了。不料有一些学者竟把这些"虚字"当作"实字"用,如"言"字在《诗经》里常作"而"字或"乃"字解,都是虚字,被毛公、郑玄等解作代名词的"我"字,便更讲不通了。王氏的《经传释词》全用归纳的方法，举出无数的例，分类排比起来，看出相同的性质，然后下一个断案，定他们的文法作用。我要举的例是用在句中或句首的"焉"字。

"焉"字用在句尾，是很平常的用法。例如"殆有甚焉"，"必有事焉"，都作"于此"解，那是很容易的。但是"焉"字又常常用在一句的中间或一句的起首，他的功用等于"于是"，"乃"，"则"一类的状词，大概是表时间的关系，有时还带着一点因果的关系。王氏举的例如下：

（1）《礼记·月令》，"命舟牧覆舟，五覆五反，乃告舟备具于天子，天子焉（于是）始乘舟"。

（2）《晋语》，"尽逐群公子，乃立奚齐，焉（于是）始为令于国。"

（3）《墨子·鲁问》，"公输子自鲁南游楚，焉（于是）始为舟战之器"。

（4）《山海经·大荒西经》，"夏后开焉（于是）始得歌九招"。

（5）《祭法》，"坛墠有祷，焉（则）祭之；无祷乃止"。

（6）《三年问》，"故先王焉（乃）为之立中制节"。

（7）又，"焉使倍之，故再期也"。

（8）《大戴礼·王言》篇，"七教修，焉（乃）可以守；三至行，焉（乃）可以征"。

(9)《曾子·制言》篇,"有知,焉(乃)谓之友;无知,焉谓之主"。

(10)《齐语》,"乡有良人,焉(乃)以为军令"。

(11)《吴语》,"吾道路悠远,必无有二命,焉(乃)可以济事"。

(12)《老子》,"信不足,焉(于是)有不信"。

(13)《管子·幼官》篇,"胜无非义者,焉(乃)可以为大胜"。

(14)又《揆度》篇,"民财足则君赋敛焉(乃)不穷"。

(15)《墨子·亲士》篇,"焉(乃)可以长生保国"。

(16)又《兼爱》,"必知乱之所自起,焉(乃)能治之"。

(17)又《非攻》,"汤焉(乃)敢奉率其众以乡有夏之境"。

(18)《庄子·则阳》篇,"君为政,焉(乃)勿卤莽;治民,焉(乃)勿灭裂"。

(19)《荀子·议兵》篇,"若赴水火,入焉(则)焦没耳"。

(20)又,"凡人之动也,为赏庆为之,则见害伤焉(乃)止矣"。

(21)《离骚》,"驰椒邱且焉(于是)止息"。

(22)《九章》,"焉(于是)洋洋而为客","焉(于是)舒情而抽信兮"。

(23)《九辩》,"国有骥而不知乘兮,焉(乃)皇皇而更索"。

(24)《招魂》,"巫阳焉(乃)下招曰"。

(25)《远游》,"焉(乃)逝以徘徊"。

(26)僖十五年《左传》,"晋于是乎作爰田,晋于是乎作州兵"。《晋语》作"焉作辕田,焉作州兵。"是"焉"与"于是"同义。

(27)《荀子·礼论》篇,"三者偏亡,焉无安人"。《史记·礼书》用此文,焉作则。《老子》,"故贵以身为天下,则可寄天下"。《淮南·道应训》引此,则作焉。是"焉"与"则"同义。

这种方法,先搜集许多同类的例,比较参看,寻出一个大通则来:完全是归纳的方法。但是以我自己的经验看起来,这种方法实行的时候,决不能等到把这些同类的例都收集齐了,然后下一个大断案。当我们寻得几条少数同类的例时,我们心里已起了一种假设的通则。有了这个假设的通则,若再遇着同类的例,便把已有的假设去解释他们,看他能否把所有同类的例都解释的满意。这就是演绎的方法了。演绎的结果,若能充分满意,那个假设的通则便成了一条已证实的定理。这样的办法，由几个（有时只须一两个）同类的例引起一个假设，再求一些同类的例去证明那个假设是否真能成立：这是科学家常用的方法。假设的用处就是能使归纳法实用时格外经济，格外省力。凡是科学上能有所发明的人，一定是富于假设的能力的人。宋儒的格物方法所以没有效果，都因为宋儒既想格物，又想"不役其知"。不役其知就是不用假设，完全用一种被动的态度。那样的用法，决不能有科学的发明。因为不能提出假设的人，严格说来，竟可说是不能使用归纳方法。为什么呢？因为归纳的方法并不是教人观察"凡天下之物"，并不是教人观察乱七八糟的个体事物；归纳法的真义在于教人"举例"，在于使人于乱七八糟的事物里面寻出一些"类似的事物"。当他"举例"时，心里必已有了一种假设。如钱大昕举冲中，陟，直赵，竺……等字时，他先已有了一种"类"的观念，先有了一种假设。不然，他为什么不举别的整千整万的字呢？又如王氏讲"焉"字的例，他若先没有一点假设，为什么单排出这些句中和句首的"焉"字呢？汉学家的长处就在他们有假设通则的能力。因为有假设的能力，又能处处求证据来证实假设的是非，所以汉学家的训诂学有科学的价值。道光年间有个方东树做了一部《汉学商兑》，极力攻击汉学家，但他对于高邮王氏的《经义述闻》，也不能不佩服，不能不说

"实足令郑、朱俛首,自汉、唐以来未有其比"。这可见汉学家的方法精密,就是宋学的死党也不能不心服了。

七

我在上文已举了音韵学和训诂学的例,我现在再举清代校勘学作例。古书被后人抄写刻印,很难免去错抄错刻的弊病。譬如我做了一篇一百字的文章,写好之后,我自己校看一遍,没有错字。这个原稿可叫做"甲"。我的书记重抄一篇,送登《北京大学月刊》。因为"甲"是用草字写的,抄本"乙"误认了一个字,遂抄错了一个字。这篇"乙"稿拿去排印,商务印书馆的排工又排错了一字;这个印本,可叫做"丙"。这三个本子的"可靠性"有如下的比例:

"甲"本,100;"乙"本,99;"丙"本,97.02。

这一个本子,只经过三手,已比原本减少02.98的可靠性了。何况古代的著作,经过了一两千年的传抄翻印,那能保得住没有错误呢。校勘学的发生,只是要救正这种"日读误书"的危险。但是这种校勘的工夫,初看似乎很容易,其实真不容易。譬如上文说的"丙"本,只须寻着我的"甲"本,细细校对一遍,就可校正了。但是这种容易的校勘是不常有的。有些古书并没有原本可用来校对,所有的古本,无论怎样古,终究是抄本。有时一部书只有一个传本,并无第二本。校书的人既不可随意乱改古书,又不可穿凿附会,勉强解说(说详本篇第四章),自不能不用精密的方法,正确的证据,方才能使人心服。清代的校勘学所以能使人心服,正为他用的是科学的方法。

校勘学的方法可分两层说。第一是根据,第二是评判,根据是校勘时用来作比较参考的底本。根据大约有五种:(1)根据最古的本子。例如阮元的《论语注疏校勘记》引据的本子是:《汉石经残字》、《唐石经》、《宋石经》皇侃《义疏》、《高丽本》(据陈鳣《论语古训》引的)、《十行本》(宋刻,元明修补的)、《闽本》(明嘉靖时刊)、《非监本》(明万历时刊)、《毛本》(明崇祯时刊)共计九种古本。(2)根据古书里引用本书的文句。例如《群书治要》、《太平御览》等书引了许多古书,可以用作参考。又如阮元校勘《论语》"君子耻其言而过其行"一句,先说:"皇本,高丽本,而作之;行下有也。"这是前一种的根据。阮元又说:"按《潜夫论·交际篇》,孔子疾夫言之过其行者,亦作之字。"这是第二种根据。又如《荀子·天论》,"内外无别,男女淫乱,则父子相疑,上下乖离",这四项是平等的,不当夹一个"则"字。《韩诗外传》有这一段,没有"则"字;《群书治要》引的,也没有"则"字。故王念孙根据这两书,说"则"字是衍文。(3) 根据本书通行的体例。最明显的例是《墨子·小取》篇，"辟也者，举也物而以明之也。"第二个"也"字，初看似乎无意思，故毕沅校《墨子》，便删了这个字。王念孙后来发现"《墨子》书通以也为他"一条通例，故说这个"也"字也是"他"字："举他物以明此物谓之譬"，这就明白了。他的儿子王引之又用这条通例来校《小取》篇"无也故焉"的"也"字也是"他"字；又"无故也焉"一句也应该改正为"无也故焉"，那"也"字也是"他"字。后来我校《小取》篇，"是犹谓也者同也，吾岂谓也者异也"两句，也用这条通例来把第一和第三个"也"字都读作"他"字。(4) 根据古注和古校本。古校本最重要的莫如陆德明的《经典释文》。古注自汉以来多极了，不能遍举。我且举两个应用的例。《易·系辞传》，"拟之而后言，议之而后动"，议字实在讲不通。《释文》云，"陆姚、桓元、荀柔之作仪"。"仪"字作效法解，与"拟"字并列，便讲得通了。《系辞》又有"几者，动之微，吉之先见者也"。我不懂得此处何故单说"吉"，不说"吉凶"。后来我读孔颖达《正义》说"诸本或有凶字者，其定本则无也"，方才知道唐初的人还见过有"凶"字的本子，可据此校改。后来我读《汉书·楚元王传》，"穆生曰，《易》称知几其神乎；几者，动之微，吉凶之先见者也"。此又可证我的前说。(5) 根据古韵。我引王念孙

《读书杂志》一段作例：

《淮南子·原道训》，"是故无所私而无所公，靡滥振荡，与天地鸿洞；无所左而无所右，蟠委错紾，与万物始终"。案始终当作终始（上文云，"水流而不止，与万物终始"）。公洞为韵。右始为韵（右古读若"以"，说见《唐韵正》）。若作始终，则失其韵矣。《俶真训》，"若夫真人则动溶于至虚而游于灭亡之野，骑蜚廉而从敦圄，驰于外方（外方据道藏本；各本作方外），休乎宇内，烛十日而使风雨，臣雷公，役夸父，妾宓妃，妻织女"。案"宇内"当为"内宇"（内宇犹宇内也，若林中谓之中林，谷中谓之中谷矣）。内宇与外方相对为文。宇与野，圄，雨，父，女，为韵（野古读若"墅"，说见《唐韵正》），若作"宇内"则失其韵矣。

《说林》篇，"无乡之社，易为黍肉；无国之稷，易为求福。"案"黍肉"当作"肉黍"。后人以肉与福韵相协，故改为"黍肉"。不知福字古读若逼，不与肉为韵也。社黍为韵（社古读若墅。《说文》，社从示，上声。《甘誓》，"不用命戮于社"，与祖为韵。《郊特牲》，"而君亲誓社"，与赋，旅，伍，为韵。《左传》闵二年，成季将生卜辞，"闲于两社"，与辅为韵。《管子·揆度》篇，"杀其身以衅其社"，与鼓，父，为韵），稷福为韵。若作黍肉，则失其韵矣。

以上五项是校勘学的根据。但是这几种根据都有容易致误的危险。先说古本。我们所有的"古本"，已不知是经过了多少次口授手写的抄本了，其中难保没有错误。近人最崇拜宋版的书，其实宋版也有好坏，未必都可用作根据。次说古书转引本书的文句，也有两大危险。第一，引书的人未必字字依照原文，往往随意增减字句。第二，初引或不误，后来传抄翻印，难免没有错误。次说本书的通例，也许著书的人偶然变例。次说古注与古校本。古校本往往有许多种不同的，究竟应该从那一个校本。古注本也有被后人妄改了的。例如《老子》二十三章，"信不足焉，有不信焉"。这句本当作"信不足，焉有不信。"（看上文第六节）故王弼注云，"忠信不足于下，焉有不信也。"（此据《永乐大典》本）但今本王注改作"忠信不足于下焉，有不信焉"，这便不成话了。最后说古韵的根据，有时也容易致误。我且引一条最可注意的例：

> 《易经·剥象传》："君子得舆，民所载也；小人剥庐，终不可用也。"又《丰象传》，"丰其沛，不可大事也；折其右肱，终不可用也。"这两条的韵很不容易说明。顾炎武作《易音》，竟不懂"用"何以能与

"载""事"为韵。杨宾实说,两"用"字皆"害"字之误。卢文弨成此说,说:"害在十四泰,载在十九代,事在七志,古韵皆得相通。古害字作舍,故易与'用'字相混。"

这一说,从表面看去,似乎很圆满了。后来王念孙驳他道:"凡《易》言君子小人者,其事皆相反。君子得舆,小人剥庐,亦取相反之义,……非谓小人不能害君子也。右肱为人之所用,右肱折则终不可用,……折肱则害及肱矣,何言终不可害乎?今案'用'读为'以'。《苍颉》篇,'用,以也'。用与以声近而义同,故用可读为以。犹'集'与'就'声近而义同,故集可读为就;'戎'与'汝'声近而义同,故戎可读为汝也。……《剥象传》以灾,尤,载,用,为韵;《丰象传》以灾,志,事,用,为韵,……于古音并属'之'部。……若'害'字则从丰声,丰读若介,于古音属'祭'部,……(在诸经中,与害为韵者)凡发,拨,大,达,败,晰,逝,外,末,说,辖,迈,卫,烈,月,揭,竭,世,艾,岁,等字,皆属'祭'部。遍考群经《楚辞》,未有与'之'部之灾,尤,载,志,事,等字同用者。至于《老》、《庄》诸子,无不皆然。是害与灾,尤,载,志,事,五字,一属'祭'部,一属'之'部,两部绝不

相通。"(《经义述闻》卷二)

因为这些根据都容易弄错,故校勘学不能全靠根据。校勘学的重要工夫在于"评判"。校勘两字都是法律的名词,都含有审判的意思;英文"Textual Criticism"译言"本子的评判"。我们顾名思义,可知校勘学决不单靠本子或他种的根据,可知校勘重在细心的判断。上文王念孙校一个"用"字,便是评判的工夫。段玉裁有《与诸同志书论校书之难》一篇,说这个道理最明白:

> 校书之难,非照本改字,不讹不漏之难也,定其是非之难。是非有二:曰底本之是非,曰立说之是非。必先定其底本之是非,而后可断其立说之是非。二者不分,辄辄如治丝而棼,如算之淆乱其法质,而瞀乱乃至不可理。
>
> 何谓底本?著书者之稿本是也。何谓立说?著书者所言之义理是也。
>
> 《周礼·轮人》:"望而视其轮,欲其幎尔而下迤也。"自《唐石经》以下各本皆作"下迤"。唐贾氏作"不迤"。故《疏》曰:"不迤者,谓辐上至毂,两两相当,正直不旁迤,故曰不迤也。"文理甚明。今各本疏

文皆作"下迆"("下迆者,谓辐上至毂,两两相当,正直不旁迆,故曰下迆也"),其语绝无文理,则非贾文之底本矣。此由宋人以《疏》合经《注》者,改《疏》之"不"字合经之"下"字,所仍之经非贾氏之经本也。然则经本有二,"下"者是欤?"不"者是欤?

曰,"下"者是也。"望而视其轮",谓视其已成轮之牙。轮围甚,牙皆向下迆邪,非谓辐与毂正直两两相当也。经下文,"县之以视其辐之直",自谓辐。"规之以视其圜"自谓圜。轮之圜在牙。上文"毂,辐,牙,为三材",此言轮,辐,毂。轮即牙也。然则《唐石经》及各本经作"下",是;贾氏本作"不",非也。而义理之是非得矣。倘有浅人校《疏》文"下迆"之误,改为"不迆",因以疏文之"不迆",改经文之"下迆",则贾疏之底本得矣,而于义理乃大乖也。(段氏共引五例今略。……)

故校经之法,必以贾还贾,以孔还孔,以陆还陆,以杜还杜,以郑还郑,各得其底本,而后判其义理之是非,而后经之底本可定,而后经之义理可以徐定。不先正《注》,《疏》,《释文》之底本,则多诬古人。不断其立说之是非,则多误今人。……(《经韵楼集》)

我们看了这种校勘学方法论，不能不佩服清代汉学家的科学精神。浅学的人只觉得汉学家斤斤的争辩一字两字的校勘，以为"支离破碎"，毫无趣味。其实汉学家的工夫，无论如何琐碎，却有一点不琐碎的元素，就是那一点科学的精神。

凡成一种科学的学问，必有一个系统，决不是一些零碎堆砌的知识。音韵学自从顾炎武、江永、戴震、钱大昕、段玉裁、王念孙直到章炳麟、黄侃研究古音的分部，声音的通转，不但分析更细密了，并且系统条理也更清楚明白了。训诂学用文字假借，声类通转，文法条例三项作中心，也自成系统。校勘学的头绪纷繁，很不容易寻出一些通则来。但清代的校勘学却真有条理系统，做成一种科学。我们试看王念孙《读〈淮南子〉杂志》的《后序》，说他订正《淮南子》共九百余条，推求"致误之由"，可得六十四条通则。这一篇一万二千字的空前长序（《读书杂志》九之二十二）真可算是校勘学的科学方法论。又如俞樾的《古书疑义举例》的五，六，七，三卷也提出许多校勘学的通则，也可算是校勘学的方法论。

八

我想上文举的例很可以使读者懂得清代学者的治学方法

了。他们用的方法,总括起来,只是两点。(1) 大胆的假设,(2) 小心的求证。假设不大胆,不能有新发明。证据不充足,不能使人信仰。上文举的许多例,大概多偏重求证的一方面。我现在且引清学的宗师戴震论《尚书·尧典》"光被四表"的光字的历史作为最后的一条例,作为我这一篇方法论的总结束。

《尧典》"光被四表,格于上下"。蔡沈解"光"为"显",这是最普通的解法。但是孔安国《传》说,"光,充也"。光字作显解,何等近情近理。为什么古人偏要解作"充"字呢?岂不是舍近而求远吗?但是戴震说:

> 《孔传》,"光,充也。"陆德明《释文》无音切。孔冲远《正义》曰,"光,充,《释言》文"。据郭本《尔雅》,"桄、颎,充也"。注曰,"皆充盛也"。《释文》曰,"桄,颎孙作光,古黄反"。用是言之,光之为充,《尔雅》具其义。……虽《孔传》出魏、晋间人手,以仆观此字,据依《尔雅》,又密合古人属词之法,非魏、晋间人所能,必袭取师师相传旧解,见其奇古有据,遂不敢易尔。后人不用《尔雅》及古注,殆笑《尔雅》迂远,古注胶滞,如光之训充,兹类实繁。余独以谓病在后人不能遍观尽识,轻疑前古,不知而作也。

戴震是不信伪《孔传》的人，但他却要为"光，充也"一句很不近情理的话作辩护士。我们且看他的说法：

> 《尔雅》桄字，六经不见。《说文》，"桄，充也"。孙愐《唐韵》，"古旷反"。《乐记》，"钟声铿铿以立号，号以立横，横以立武"。郑康成注曰，"横，充也。谓气作充满也。"《释文》曰，"横，古旷反"。《孔子闲居》篇，"夫民之父母乎，必达于礼乐之原，以致五至而行三无，以横于天下"。郑注曰，"横，充也"。疏家不知其义出《尔雅》。《尧典》古本必有作"横被四表"者。横被，广被也。正如《记》所云，"横于天下"，"横于四海"，是也。横四表，格上下，对举。……横转写为桄，脱误为光。追原古初，当读"古旷反"，庶合充广远之义。

这真是大胆的假设。他见郭本《尔雅》的桄字在孙本作光，又见《说文》有"桄充也"的话，又见《唐韵》读桄为古旷反，而《礼记》的横字既训为充，又读古旷反，——他看了这些事实，忽然看出他们的关系来，遂大胆下一个假设，说《尧典》的光字就是桄字，也就是横字。但是《尚书》的各本明明都作"光"字。戴震于是更大胆的提出一个很近于武断的假设,说"《尧典》古本必有作横被四表者"。这话是乾隆乙亥(1755)年《与王内翰凤喈书》里说的。过了两年(1757)钱大昕和姚鼐各替他寻着一个证据:

(证一)《后汉书·冯异传》有"横被四表,昭假上下"。

(证二)班固《西都赋》有"横被六合"。

过了七年多(1762),戴震的族弟受堂又替他寻着两个证据:

(证三)《汉书·王莽传》,"昔唐尧横被四表"。

(证四)王褒《圣主得贤臣颂》,"化溢四表,横被无穷"。

过了许多年,他的弟子洪榜又寻得一证:

(证五)《淮南·原道训》,"横四维而含阴阳"。高诱注,"横读桄车之桄"。是汉人横桄通用,甚明。

他的弟子段玉裁又寻得一证:

(证六)李善注《魏都赋》,引《东京赋》"惠风横被"。今本《东京赋》作"惠风广被",后人妄改也。

这一个字的考据的故事,很可以表示清代学者做学问的真精神。假使这个光字的古本作横已无法证实了,难道戴震就不敢下那个假设了吗?我可以断定他仍是要提出这个假设的。如果一个假设是站在很充分的理由上面的,即使没有旁证,也不失为一个很好的假设。但他终究只是一个假设,不能成为真理。后来有了充分的旁证,这个假设便升上去变成一个真理了。

戴震自己论这个字的考据道:

> 述古之难,如此类者,遽数之不能终其物。六书废弃,经学荒谬,二千年以至今。……仆情僻识狭,以谓信古而愚,愈于不知而作。但宜推求,勿为株守。例以光之一字,疑古者在兹,信古者亦在兹。

"但宜推求,勿为株守"八个字是清学的真精神。

(附记)此篇第一至第六章是民国八年八月作的;第七章是九年春间作的;第八章是十年十一月作的。相隔日久,中间定有不贯串之处。将来有暇时,当细细修正。

十,十一,三
(原载1919年11月、1920年9月、1921年4月《北京大学月刊》第5、7、9期。原题《清代汉学家的科学方法》,收入《胡适文存》时作者作了修改)

一个最低限度的国学书目

序　言

　　这个书目是我答应清华学校胡君敦元等四个人拟的。他们都是将要往外国留学的少年，很想在短时期中得着国故学的常识。所以我拟这个书目的时候，并不为国学有根柢的人设想，只为普通青年人想得一点系统的国学知识的人设想。这是我要声明的第一点。

　　这虽是一个书目，却也是一个法门。这个法门可以叫做"历史的国学研究法"。这四五年来，我不知收到多少青年朋友询问"治国学有何门径"的信。我起初也学着老前辈们的派头，劝人从"小学"入手，劝人先通音韵训诂。我近来忏悔了！那种话是为专家说的，不是为初学人说的；是学者装门面的话，不是教育家引人入胜的法子。音韵训诂之学自身还不曾整理出个头绪系统来，如何可作初学人的入手工夫？十几年的经验使我不能不承认音韵训诂之学只可以作"学者"的工具，而不是"初学"的门径。老实说来，国学在今日还没有门径可说；那些国学有成绩的人大都是下死工夫笨干出来的。死工夫固是重要，但究竟不是初学的门径。对初学人说法，须先引起他的真兴趣，他然后肯下死工夫。在这个没有门径的时候，我曾想出一个下手方法来：就是用历史的线索做我们的天然系统，用这个天然继续演进的顺序做我们治国学的历程。这个书目便是依着这个观念做的。这个书目的顺序便是下手的法门。这是我要声明的第二点。

这个书目不单是为私人用的，还可以供一切中小学校图书馆及地方公共图书馆之用。所以每部书之下，如有最易得的版本，皆为注出。

（一）工具之部

《书目举要》（周贞亮，李之鼎）　南城宜秋馆本。这是书目的书目。

《书目答问》（张之洞）　刻本甚多，近上海朝记书庄有石印"增辑本"最易得。

《四库全书总目提要》，附存目录，广东图书馆刻本，又点石斋石印本最方便。

《汇刻书目》（顾修） 顾氏原本已不适用，当用朱氏增订本，或上海、北京书店翻印本，北京有益堂翻本最廉。

《续汇刻书目》（罗振玉） 双鱼堂刻本。

《史姓韵编》（汪辉祖） 刻本稍贵，石印本有两种。此为《廿四史》的人名索引，最不可少。

《中国人名大辞典》 商务印书馆。

《历代名人年谱》（吴荣光） 北京晋华书局新印本。

《世界大事年表》（傅运森） 商务印书馆。

《历代地理韵编》，《清代舆地韵编》（李兆洛） 广东图书馆本，又坊刻《李氏五种》本。

《历代纪元编》（六承如） 《李氏五种》本。

《经籍纂诂》（阮元等） 点石斋石印本可用。读古书者，于寻常字典外，应备此书。

《经传释词》（王引之） 通行本。

《佛学大辞典》（丁福保等译编） 上海医学书局。

（二）思想史之部

《中国哲学史大纲》上卷（胡适） 商务印书馆。

二十二子：

《老子》　　《庄子》　　《管子》　　《列子》

《墨子》　　《荀子》　　《尸子》　　《孙子》

《孔子集语》《晏子春秋》《吕氏春秋》《贾谊新书》

《春秋繁露》《扬子法言》《文子缵义》《黄帝内经》

《竹书纪年》《商君书》　《韩非子》　《淮南子》

《文中子》　《山海经》

浙江公立图书馆（即浙江书局）刻本。上海有铅印本亦尚可用。汇刻子书，以此部为最佳。

《四书》（《论语》，《大学》，《中庸》，《孟子》）　最好先看白文，或用朱熹集注本。

《墨子间诂》(孙诒让)　原刻本，商务印书馆影印本。

《庄子集释》(郭庆藩)　原刻本，石印本。

《荀子集注》(王先谦)　原刻本，石印本。

《淮南鸿烈集解》(刘文典)　商务印书馆出版。

《春秋繁露义证》(苏舆)　原刻本。

《周礼》　通行本。

《论衡》(王充)　通津草堂本（商务印书馆影印）；湖北崇文书局本。

《抱朴子》(葛洪)　平津馆丛书本最佳，亦有单行的；湖北崇文书局本。

《四十二章经》 金陵刻经处本。以下略举佛教书。

《佛遗教经》 同上。

《异部宗轮论述记》（窥基） 江西刻经处本。

《大方广佛华严经》（东晋译本） 金陵刻经处。

《妙法莲华经》（鸠摩罗什译） 同上。

《般若纲要》（葛䨱） 《大般若经》太繁，看此书很够了。扬州藏经院本。

《般若波罗密多心经》（玄奘译）。

《金刚般若波罗密经》（鸠摩罗什译，菩提流支译，真谛译）以上两书，流通本最多。

《阿弥陀经》（鸠摩罗什译） 此书译本与版本皆极多，金陵刻经处有《阿弥陀经要解》（智旭）最便。

《大方广圆觉了义经》（即《圆觉经》）（佛陀多罗译） 金陵刻经处白文本最好。

《十二门论》（鸠摩罗什译） 金陵刻经处本。

《中论》（同上） 扬州藏经院本。

以上两种，为三论宗"三论"之二。

《三论玄义》（隋吉藏撰） 金陵刻经处本。

《大乘起信论》（伪书） 此虽是伪书，然影响甚大。版本甚多，金陵刻经处有沙门真界纂注本颇便用。

《大乘起信论考证》（梁启超） 此书绍介日本学者考订

佛书真伪的方法，甚有益。商务印书馆将出版。

《小止观》（一名《童蒙止观》，智颉撰）　天台宗之书不易读，此书最便初学。金陵刻经处本。

《相宗八要直解》（智旭直解）　金陵刻经处本。

《因明入正理论疏》（窥基疏）　金陵刻经处本。

《大慈恩寺三藏法师传》（慧立撰）　玄奘为中国佛教史上第一伟大人物，此传为中国传记文学之大名著。常州天宁寺本。

《华严原人论》（宗密撰）　有正书局有合解本，价最廉。

《坛经》（法海录）　流通本甚多。

《古尊宿语录》此为禅宗极重要之书，坊间现尚无单行刻本。《大藏经》缩刷本腾字四至六。

《宏明集》（梁僧祐集）　此书可考见佛教在晋、宋、齐、梁士大夫间的情形。金陵刻经处本。

《韩昌黎集》（韩愈）　坊间流通本甚多。

《李文公集》（李翱）　《三唐人集》本。

《柳河东集》（柳宗元）　通行本。

《宋元学案》（黄宗羲，全祖望等）　冯云濠刻本，何绍基刻本，光绪五年长沙重刊本。坊间石印本不佳。

《明儒学案》（黄宗羲）　莫晋刻本最佳。坊间通行有江西本，不佳。

以上两书,保存原料不少,为宋、明哲学最重要又最方便之书。此下所列,乃是补充这两书之缺陷,或是提出几部不可不备的专家集子。

《直讲李先生集》（李觏）　商务印书馆印本。

《王临川集》（王安石）　通行本。商务印书馆影印本。

《二程全书》（程颢,程颐）　六安涂氏刻本。

《朱子全书》（朱熹）　六安涂氏刻本；商务印书馆影印本。

《朱子年谱》（王懋竑）　广东图书馆本,湖北局本。此书为研究朱子最不可少之书。

《陆象山全集》（陆九渊）　上海江左书林铅印本很可用。

《陈龙川全集》（陈亮）　通行本。

《叶水心全集》（叶适）　通行本。

《王文成公全书》（王守仁）　浙江图书馆本。

《困知记》（罗钦顺）　嘉庆四年翻明刻本。正谊堂本。

《王心斋先生全集》（王艮）　近年东台袁氏编订排印本最好,上海国学保存会寄售。

《罗文恭公全集》（罗洪先）　雍正间刻本,《四库全书》本与此本同。

《胡子衡齐》（胡直）　此书为明代哲学中一部最有条理又最有精采之书。《豫章丛书》本。

《高子遗书》（高攀龙）　无锡刻本。

《学蔀通辨》（陈建）　正谊堂本。

《正谊堂全书》（张伯行编）　这部丛书搜集程朱一系的书最多，欲研究"正统派"的哲学的，应备一部。全书六百七十余卷，价约三十元。初刻本已不可得，现行者为同治间补刻本。

《清代学术概论》（梁启超）　商务印书馆。

《日知录》（顾炎武）　用黄汝成《集释》本。通行本。

《明夷待访录》（黄宗羲）　单行本。扫叶山房《梨洲遗著汇刊》本。

《张子正蒙注》（王夫之）　《船山遗书》本。

《思问录内外篇》（王夫之）　同上。

《俟解》一卷，《噩梦》一卷（王夫之）　同上。

《颜李遗书》（颜元，李塨）　《畿辅丛书》本可用。北京四存学会增补全书本。

《费氏遗书》（费密）　成都唐氏刻本。（北京大学出版部寄售）

《孟子字义疏证》（戴震）　《戴氏遗书》本。国学保存会有铅印本，但已卖缺了。

《章氏遗书》（章学诚）　浙江图书馆排印本，上海刘翰怡新刻全书本。

《章实斋年谱》（胡适）　商务印书馆出版。

《崔东壁遗书》（崔述）　道光四年陈履和刻本；《畿辅丛书》本只有《考信录》，亦可够用了。全书现由亚东图书馆重印，不久可出版。

《汉学商兑》（方东树）　此书无甚价值，但可考见当日汉宋学之争。单行本，朱氏《槐庐丛书》本。

《汉学师承记》（江藩）　通行本，附《宋学师承记》。

《新学伪经考》（康有为）　光绪辛卯初印本；新刻本只增一序。

《史记探源》（崔适）　初刻本；北京大学出版部排印本。

《章氏丛书》（章炳麟）　康宝忠等排印本；浙江图书馆刻本。

（三）文学史之部

《诗经集传》（朱熹）　通行本。

《诗经通论》（姚际恒）　闻商务印书馆将重印。

《诗本谊》（龚橙）　浙江图书馆《半广丛书》本。

《诗经原始》（方玉润）　闻商务印书馆不久将有重印本。

《诗毛氏传疏》（陈奂）　《清经解续编》卷七百七十八以下。

《檀弓》《礼记》　第二篇。

《春秋左氏传》　通行本。

《战国策》　商务印书馆有铅印补注本。

《楚辞集注》，附《辨证后语》(朱熹)　通行本；扫叶山房有石印本。

《全上古三代秦汉三国六朝文》(严可均编)　广雅局本。此书搜集最富，远胜于张溥的《汉魏六朝百三家集》。

《全汉三国晋南北朝诗》(丁福保编)　上海医学书局出版。

《古文苑》(章樵注)　江苏书局本。

《续古文苑》(孙星衍编)　江苏书局本。

《文选》(萧统编)　上海会文堂有石印胡刻李善注本最方便。

《文心雕龙》(刘勰)　原刻本；通行本。

《乐府诗集》(郭茂倩编)　湖北书局刻本。

《唐文粹》(姚铉编)　江苏书局本。

《唐文粹补遗》(郭麟编)　同上。

《全唐诗》(康熙朝编)　扬州原刻本，广州本，石印本，五代词亦在此中。

《宋文鉴》(吕祖谦编)　江苏书局本。

《南宋文范》(庄仲方编)　同上。

《南宋文录》(董兆熊编)　同上。

《宋诗抄》(吕留良、吴之振等编)　商务印书馆本。

《宋诗抄补》（管庭芬等编）　商务印书馆本。

《宋六十家词》（毛晋编）　汲古阁本，广州刊本，上海博古斋石印本。

《四印斋王氏所刻宋元人词》（王鹏运编刻）　原刻本，板存北京南阳山房。

《彊邨所刻词》（朱祖谋编刻）　原刻本。王、朱两位刻的词集都很精，这是近人对于文学史料上的大贡献。

《太平乐府》（杨朝英编）　《四部丛刊》本。

《阳春白雪》（杨朝英编）　南陵徐氏《随庵丛书》本。

以上两种为金元人曲子的选本。

《董解元弦索西厢》（董解元）　刘世珩、暖红室汇刻传奇本。

《元曲选一百种》（臧晋叔编）　商务印书馆有影印本。

《金文最》（张金吾编）　江苏书局本。

《元文类》（苏天爵编）　同上。

《宋元戏曲史》（王国维）　商务印书馆本。

《京本通俗小说》　这是七种南宋的话本小说，上海蟫隐庐《烟画东堂小品》本。

《宣和遗事》《士礼居丛书》本；商务印书馆有排印本。

《五代史平话》残本董康刻本。

《明文在》（薛熙编）　江苏书局本。

《列朝诗集》（钱谦益编） 国学保存会排印本。

《明诗综》（朱彝尊编） 原刻本。

《六十种曲》（毛晋编刻） 汲古阁本。此书善本已不易得。

《盛明杂剧》（沈泰编） 董康刻本。

《暖红室汇刻传奇》（刘世珩编刻） 原刻本。

《笠翁十二种曲》（李渔） 原刻巾箱本。

《九种曲》（蒋士铨） 原刻本。

《桃花扇》（孔尚任） 通行本。

《长生殿》（洪昇） 通行本。

清代戏曲多不胜举；故举李、蒋两集，孔、洪两种历史戏，作几个例而已。

《曲苑》 上海古书流通处（？）编印本。此书汇集关于戏曲的书十四种，中如焦循《剧说》，如梁辰鱼《江东白苎》，皆不易得。石印本价亦廉，故存之。

《缀白裘》 这是一部传奇选本，虽多是零篇，但明末清初的戏曲名著都有代表的部分存在此中。在戏曲总集中，这也是一部重要书了。通行本。

《曲录》（王国维） 《晨风阁丛书》本。

《湖海文传》（王昶编） 所选都清朝极盛时代的文章，最可代表清朝"学者的文人"的文学。原刻本。

《湖海诗传》(王昶编)　原刻本。

《鲒埼亭集》(全祖望)　借树山房本。

《惜抱轩文集》(姚鼐)　通行本。

《大云山房文稿》(恽敬)　四川刻本，南昌刻本。

《文史通义》(章学诚)　贵阳刻本，浙江局本，铅印本。

《龚定盦全集》(龚自珍)　万本书堂刻本。国学扶轮社本。

《曾文正公文集》(曾国藩)　《曾文正全集》本。

清代古文专集，不易选择，我经过很久的考虑，选出全，姚，恽，章，龚，曾六家来作例。

《吴梅村诗》(吴伟业)《梅村家藏稿》　(董康刻本，商务印书馆影印本)本，无注；此外有靳荣藩《吴诗集览》本，有吴翌凤《梅村诗集笺注》本。

《瓯北诗抄》(赵翼)　《瓯北全集》本，单行本。

《两当轩诗抄》(黄景仁)　光绪二年重刻本。

《巢经巢诗抄》(郑珍)　贵州刻本；北京有翻刻本，颇有误字。

《秋蟪吟馆诗抄》(金和)　铅印全本；家刻本略有删减。

《人境庐诗抄》(黄遵宪)　日本铅印本。

清代诗也很难选择。我选梅村代表初期，瓯北与仲则代表乾隆一朝；郑子尹与金亚匏代表道、咸、同三朝；黄公度代表末年的过渡时期。

明、清两朝小说：

《水浒传》　亚东图书馆三版本。

《西游记》（吴承恩）　亚东图书馆再版本。

《三国志》　亚东图书馆本。

《儒林外史》（吴敬梓）　亚东图书馆四版本。

《红楼梦》（曹霑）　亚东图书馆三版本。

《水浒后传》（陈忱，自署古宋遗民）　此书借宋徽、钦二帝事来写明末遗民的感慨，是一部极有意义的小说。亚东图书馆《水浒续集》本。

《镜花缘》（李汝珍）　此书虽有"掉书袋"的毛病，但全篇为女子争平等的待遇，确是一部很难得的书。亚东图书馆本。

以上各种，均有胡适的考证或序，搜集了文学史的材料不少。

《今古奇观》　通行本。可代表明代的短篇。

《三侠五义》　此书后经俞樾修改，改名《七侠五义》。此书可代表北方的义侠小说。旧刻本《七侠五义》流通本较多。亚东图书馆不久将有重印本。

《儿女英雄传》（文康）　蜚英馆石印本最佳；流通本甚多。

《九命奇冤》(吴沃尧) 广智书局铅印本。

《恨海》(吴沃尧) 通行本甚多。

《老残游记》(刘鹗) 商务印书馆铅印本。

以上略举十三种,代表四五百年的小说。

《五十年来的中国文学》(胡适) 本书卷二。

(跋)文学史一部,注重总集:无总集的时代,或总集不能包括的文人,始举别集。因为文集太多,不易收买,尤不易遍览,故为初学人及小图书馆计,皆宜先从总集下手。

(原载1923年2月25日《东方杂志》第20卷第4号,又载1923年3月4日《读书杂志》第7期)

附录一 《清华周刊》记者来书

适之先生:

在《努力周报》的增刊,《读书杂志》第七期上,我们看见先生为清华同学们拟的一个最低限度的国学书目。我们看完以后,心中便起了若干问题,现在愿说给先生听听,请先生赐教。

第一，我们以为先生这次所说的国学范围太窄了。先生在文中并未下国学的定义，但由先生所拟的书目推测起来，似乎只指中国思想史及文学史而言。思想史与文学史便是代表国学么？先生在《国学季刊》的发刊宣言里，拟了一个中国文化史的系统，其中包括（一）民族史，（二）语言文字史，（三）经济史，（四）政治史，（五）国际交通史，（六）思想学术史，（七）宗教史，（八）文艺史，（九）风俗史，（十）制度史。中国文化史的研究，便是国学研究，这是先生在该宣言里指示我们的。既然如此，为什么先生不在国学书目文学史之部以后，加民族史之部，语言文学史之部，经济史之部……呢？

第二，我们一方面嫌先生所拟的书目范围不广；一方面又以为先生所谈的方面——思想史与文学史——谈得太深了，不合于"最低限度"四字。我们以为定清华学生的国学最低限度，应该顾到两种事实：第一是我们的时间，第二是我们的地位。我们清华学生，从中等科一年起，到大学一年止，求学的时间共八年。八年之内一个普通学生，于他必读的西文课程之外，如肯切实的去研究国学，可以达到一个什么程度，这是第一件应该考虑的。第二，清华学生都有留美的可能。教育家对于一般留学生，要求一个什么样的国学程度，这是第二件事应该考虑的。先生现在所拟的书目，我们是无论如何读不完的,因为书目太多,时间太少。而且做留学生的,如没有读过《大方广圆觉了义经》或《元曲选一百种》,当代的教育家,不见得会非难他们,以为未满足国学最低的限度。

因此,我们希望先生替我们另外拟一个书目,一个实在最低的国学书目。那个书目中的书,无论学机械工程的,学应用化学的,学哲学文学,学政治经济的,都应该念,都应该知道。我们希望读过那书目中所列的书籍以后,对于中国文化,能粗知大略。至于先生在《读书杂志》第七期所列的书目,似乎是为有志专攻哲学或文学的人作参考之用的,我们希望先生将来能继续发表民族史之部,制度史之部等的书目,让有志于该种学科的青年,有一个深造的途径。

敬祝先生康健。

《清华周刊》记者十二年三月十一日

附录二 答书

记者先生:

关于第一点,我要说,我暂认思想与文学两部为国学最低限度；其余民族史经济史等等，此时更无从下手，连这样一个门径书目都无法可拟。

第二，关于程度方面和时间方面，我也曾想过，这个书目动机虽是为清华的同学，但我动手之后就不知不觉的放高了，放宽了。我的意思是要用这书目的人，从这书目里自己去选择；有力的，多买些；有时间的，多读些；否则先买二三十部力所能及的，也不妨；以后还可以自己随时添备。若我此时先定一个最狭义的最低限度，那就太没有伸缩的余地了。先生以为是吗？

先生说，"做留学生的，如没有读过《圆觉经》或《元曲选》，当代教育家不见得非难他们"。这一层，到有讨论的余地。正因为当代教育家不非难留学生的国学程度，所以留学生也太自菲薄，不肯多读点国学书，所以他们在国外既不能代表中国，回国后也没有多大影响。我们这个书目的意思，一部分也正是要一班留学生或候补留学生知道《元曲选》等是应该知道的书。

如果先生们执意要我再拟一个"实在的最低限度的书目"，我只好在原书目加上一些圈；那些有圈的，真是不可少的了。此外还应加上一部《九种纪事本末》(铅印本)。

以下是加圈的书：

《书目答问》	《法华经》	《左传》
《中国人名大辞典》	《阿弥陀经》	《文选》
《九种纪事本末》	《坛经》	《乐府诗集》
《中国哲学史大纲》	《宋元学案》	《全唐诗》
《老子》	《明儒学案》	《宋诗抄》
《四书》	《王临川集》	《宋六十家词》
《墨子间诂》	《朱子年谱》	《元曲选一百种》
《荀子集注》	《王文成公全书》	《宋元戏曲史》
《韩非子》	《清代学术概论》	《缀白裘》
《淮南鸿烈集解》	《章实斋年谱》	《水浒传》
《周礼》	《崔东壁遗书》	《西游记》
《论衡》	《新学伪经考》	《儒林外史》
《佛遗教经》	《诗集传》	《红楼梦》

附录三　国学入门书要目及其读法

梁启超

两月前《清华周刊》记者以此题相属，蹉跎久未报命。顷独居翠微山中，行箧无一书，而记者督责甚急，乃竭三日之力，专凭忆想所及草斯篇。漏略自所不免，且容有并书名篇名亦忆错误者，他日当更补正也。

十二年四月二十六日　启超　碧摩岩揽翠山房

目次：

（甲）修养应用及思想史关系书类

（乙）政治史及其他文献学书类

（丙）韵文书类

（丁）小学书及文法书类

（戊）随意涉览书类

（附录一）最低限度之必读书目

（附录二）治国学杂话

（附录三）评胡适之《一个最低限度的国学书目》

（甲）修养应用及思想史关系书类

▲《论语》《孟子》

《论语》为二千年来国人思想之总源泉。《孟子》自宋以后势力亦与相垺。此二书可谓国人内的外的生活之支配者，故吾希望学者熟读成诵。即不能，亦须翻阅多次，务略举其辞，或摘记其身心践履之言以资修养。

《论语》、《孟子》之文，并不艰深，宜专读正文，有不解处方看注释。注释之书：朱熹《四书集注》为其生平极矜慎之作，可读。但其中有堕入宋儒理障处，宜分别观之。清儒注本：《论语》则有戴望《论语注》，《孟子》则有焦循《孟子正义》最善。戴氏服膺颜习斋之学，最重实践，所注似近孔门真际；其训诂亦多较朱注为优。其书简洁易读。焦氏服膺戴东原之学，其《孟子正义》在清儒诸经新疏中为最佳本。但文颇繁，宜备置案头，遇不解时或有所感时则取供参考。

戴震《孟子字义疏证》，乃戴氏一家哲学，并非专为注释《孟子》而作。但其书极精辟，学者终须一读。最好是于读《孟子》时并读之，既知戴学纲领，亦可以助读《孟子》之兴味。

焦循《论语通释》，乃摹仿《孟子字义疏证》而作，将全部《论语》拆散，标举重要诸义如言仁言忠恕……等列为若干目通观而总诠之，可称治《论语》之一良法，且可应用其法以治他书。

右（上）两书篇叶皆甚少，易读。

陈澧《东塾读书记》中读《孟子》之卷，取孟子学说分项爬梳，最为精切。其书不过二三十叶，（？）宜一读以观前辈治学方法，且于修养亦有益。

▲《易经》

此书为孔子以前之哲学书。孔子为之注解，虽奥衍难究，然总须一读。吾希望学者将《系辞传》、《文言传》熟读成诵；其《卦象传》六十四条，则用别纸抄出，随时省览。

后世说《易》者言人人殊。为修养有益起见，则程颐之《程氏易传》差可读。

说《易》最近真者，吾独推焦循。其所著《雕菰楼易学》三书（《易通释》、《易图略》、《易章句》），皆称精诣。学者如欲深通此经，可取读之。否则可以不必。

▲《礼记》

此书为战国及西汉之"儒家言"丛编，内中有极精纯者，亦有极破碎者。吾希望学者将《中庸》、《大学》、《礼运》、《乐记》四篇熟读成诵。《曲礼》、《王制》、《檀弓》、《礼器》、《学记》、《坊记》、《表记》、《缁衣》、《儒衣》、《大传》、《祭义》、《祭法》、《乡饮酒义》诸篇多浏览数次，且摘录其精要语。若欲看注解，可看《十三经注疏》内郑注孔疏。《孝经》之性质与《礼记》同，可当《礼记》之一篇读。

▲《老子》

道家最精要之书。希望学者将此区区五千言熟读成诵。

注释书未有极当意者。专读白文自行寻索为妙。

▲《墨子》

孔墨在先秦时两圣并称，故此书非读不可。除《备城门》以下各篇外，余篇皆宜精读。注释书以孙诒让《墨子间诂》为最善，读《墨子》宜即读此本。《经上、下》、《经说上、下》四篇，有张惠言《墨子经说解》及梁启超《墨经》两书可参观，但皆有未精惬处。《小取篇》有胡适新诂可参观。梁启超《墨子学案》，属通释体裁，可参观助兴味；但其书为临时讲义，殊未精审。

▲《庄子》

"内篇"七篇及"杂篇"中之《天下》篇最当精读。注释有郭庆藩之《庄子集释》差可。

▲《荀子》

《解蔽》、《正名》、《天论》、《正论》、《性恶》、《礼论》、《乐论》诸篇最当精读。余亦须全部浏览。注释书王先谦《荀子注》甚善。

▲《尹文子》《慎子》《公孙龙子》

今存者皆非完书。但三子皆为先秦大哲，虽断简亦宜一读；篇帙甚少，不费力也。《公孙龙子》之真伪，尚有问题。三书皆无善注。《尹文子》、《慎子》易解。

▲《韩非子》

法家言之精华。须全部浏览。(其特别应精读之诸篇，因手边无原书，胪举恐遗漏，他日补列。)注释书王先慎《韩非子集释》差可。

▲《管子》

战国末年人所集著者，性质颇杂驳，然古代各家学说存其中者颇多，宜一浏览。注释书戴望《管子校正》甚好。

▲《吕氏春秋》

此为中国最古之类书。先秦学说存其中者颇多，宜浏览。

▲《淮南子》

此为秦、汉间道家言荟萃之书，宜稍精读。注释书闻有刘文典《淮南鸿烈集解》颇好。

▲《春秋繁露》

此为西汉儒家代表的著作。宜稍精读。注释书有苏舆《春秋繁露义证》颇好。康有为之《春秋董氏学》，为通释体裁，宜参看。

▲《盐铁论》

此书为汉代儒家法家对于政治问题对垒抗辩之书，宜浏览。

▲《论衡》

此书为汉代怀疑派哲学，宜浏览。

▲《抱朴子》

此书为晋以后道家言代表作品,宜浏览。

▲《列子》

晋人伪书,可作魏、晋间玄学书读。

右(上)所列为汉、晋以前思想界之重要著作。六朝、隋、唐间思想界著光采者为佛学,其书目当别述。以下举宋以后学术之代表书。但为一般学者节啬精力计,不愿多举也。

▲《近思录》 朱熹著,江永注。

读此书可见程、朱一派之理学其内容何如。

▲《朱子年谱》,附朱子《论学要语》 王懋竑著。

此书叙述朱学全面目,最精要有条理。

若欲研究程、朱学派,宜读《二程遗书》及《朱子语类》。非专门斯业者可置之。

南宋时与朱学对峙者尚有吕东莱之文献学一派,陈龙川、叶水心之功利主义一派,及陆象山之心学一派。欲知其详,宜读各人专集。若观大略,可求诸《宋元学案》中。

▲《传习录》 王守仁语,徐爱、钱德洪等记。

读此可知王学梗概。欲知其详,宜读《王文成公全书》。因阳明以知行合一为教,要合观学问事功,方能看出其全部人格。而其事功之经过,具见集中各文。故《阳明集》之重要,过于朱、陆诸集。

▲《明儒学案》黄宗羲著。

▲《宋元学案》黄宗羲初稿,全祖望、王梓材两次续成。

此二书为宋、元、明三朝理学之总记录,实创作的学术史。《明儒学案》中姚江、江右、王门、泰州、东林、蕺山诸案最精善。《宋元学案》中象山案最精善,横渠二程东莱龙川水心诸案亦好。晦翁案不甚好。百源(邵雍)涑水(司马光)诸案失之太繁,反不见其真相。末附(王安石)《荆公新学略》最坏。因有门户之见,故为排斥。欲知荆公学术,宜看《王临川集》。

此二书卷帙虽繁,吾总望学者择要浏览,因其为六百年间学术之总汇,影响于近代甚深。且汇诸家为一编,读之不甚费力也。

清代学术史可惜尚无此等佳著。唐鉴之《国朝案小识》以清代最不振之程朱学派为立脚点,褊狭固陋,万不可读。江藩之《国朝汉学师承记》、《国朝宋学渊源记》,亦学案体裁,较好。但江氏学识亦凡庸,殊不能叙出各家独到之处。万不得已,姑以备参考而已。启超方有事于清儒学案,汗青尚无期也。

▲《日知录》《亭林文集》　顾炎武著。

顾亭林为清学开山第一人。其精力集注于《日知录》,宜一浏览。读文集中各信札,可见其立身治学大概。

▲《明夷待访录》 黄宗羲著。

黄梨洲为清初大师之一。其最大贡献在两学案。此小册可见其政治思想之大概。

▲《思问录》 王夫之著。

王船山为清初大师之一。非通观全书,不能见其神深博大。但卷帙太繁,非别为系统的整理,则学者不能读。聊举此书发凡,实不足以代表其学问之全部也。

▲《颜氏学记》 戴望编。

颜习斋为清初大师之一。戴氏所编学记,颇能传其真。徐世昌之《颜李学》,亦可供参考。但其所集习斋语要,恕谷(李塨)语要,将攻击宋儒语多不录,稍失其真。

顾、黄、王、颜四先生之学术,为学者所必须知,然其著述皆浩瀚或散殊,不易寻绎。启超行将为系统的整理记述以饷学者。

▲《东原集》 戴震著。

▲《雕菰楼集》 焦循著。

戴东原、焦理堂为清代经师中有精深之哲学思想者。读其集可知其学并知其治学方法。

启超所拟著之《清儒学案》、《东原理学》两案正在属稿中。

▲《文史通义》 章学诚著。

此书虽以文史标题，实多论学术流别，宜一读。胡适著《章实斋年谱》，可供参考。

▲《大同书》 康有为著。

南海先生独创之思想在此书。曾刊于《不忍杂志》中。

▲《国故论衡》 章炳麟著。

可见章太炎思想之一斑。其详当读《章氏遗书》。

▲《东西文化及其哲学》 梁漱溟著。

有偏宕处，亦有独到处。

▲《中国哲学史大纲》上卷 胡适著。

▲《先秦政治思想史》 梁启超著。

将读先秦经部子部书，宜先读此两书。可引起兴味，并启发自己之判断力。

▲《清代学术概论》 梁启超著。

欲略知清代学风，宜读此书。

（乙）政治史及其他文献学书类

▲《尚书》

内中惟二十八篇是真书，宜精读。但其文佶屈聱牙，不能成诵亦无妨。余篇属晋人伪撰，一浏览便足（真伪篇目，看启超所著《古书之真伪及其年代》，日内当出版)。此书非看注释不能解，注释书以孙星衍之《尚书今古文注疏》为最好。

▲《逸周书》

此书真伪参半。宜一浏览。注释书有朱右曾《逸周书集训校释》颇好。

▲《竹书纪年》

此书现通行者为元、明人伪撰。其古本，清儒辑出者数家。王国维所辑最善。

▲《国语》《春秋左氏传》

此两书或本为一书，由西汉人析出，(？)宜合读之。《左传》宜选出若干篇熟读成诵，于学文甚有益。读《左传》宜参观顾栋高《春秋大事表》，可以得治学方法。

▲《战国策》

宜选出若干篇熟读。于学文有益。

▲《周礼》

此书西汉末晚出。何时代人所撰，尚难断定。惟书中制度，当有一部分为周代之旧；其余亦战国、秦汉间学者理想的产物。故总宜一读。注释书有孙诒让《周礼正义》最善。

▲《考信录》 崔述著。

此书考证三代史事实最谨严，宜一浏览，以为治古史之标准。

▲《资治通鉴》

此为编年政治史最有价值之作品。虽卷帙稍繁，总希望学者能全部精读一过。若苦干燥无味，不妨仿《春秋大事表》之例，自立若干门类。标治摘记，作将来著述资料（吾少时曾用此法，虽无成书，然增长兴味不少）。王船山《读通鉴论》，批评眼光，颇异俗流，读《通鉴》时取以并读，亦助兴之一法。

▲《续资治通鉴》　毕沅著。

此书价值远在司马光原著之下，自无待言；无视彼更优者，姑以备数耳。或不读《正续资治通鉴》，而读《九种纪事本末》亦可。要之非此则彼，必须有一书经目者。

▲《文献通考》《续文献通考》《皇朝文献通考》

三书卷帙浩繁。今为学者摘其要目：《田赋考》，《户口考》，《职役考》，《市籴考》，《征榷考》，《国用考》，《钱币考》，《兵考》，《刑考》，《经籍考》，《四裔考》，必须读。《王礼考》，《封建考》，《象纬考》，……绝对不必读。其余或读或不读随人（手边无原书，不能具记其目，有漏略当校补）。各人宜因其所嗜，择类读之。例如欲研究经济史财政史者，则读前七考。余仿此。马氏《文献通考》，本依仿杜氏《通典》而作，若尊创作，应举《通典》。今舍彼取此者，取其资料较丰富耳。吾辈读旧史，所贵者惟在原料，炉锤组织，当求之在我也。《两汉会要》、《唐会要》、《五代会要》，可与《通考》合读。

▲《通志·二十略》

郑渔仲学识史才，皆迈寻常。《通志》全书卷帙繁，不必读。《二十略》则其精神所聚，必须浏览。其中与通考门类同者或可省。最要者《氏族略》、《六书略》、《七音略》、《校雠略》等篇。

▲《二十四史》

通鉴通考，已浩无涯缦，更语及庞大之《二十四史》，学者几何不望而却走！然而《二十四史》终不可不读。其故有二：（一）现在既无满意之通史，不读《二十四史》，无以知先民活动之遗迹。（二）假令虽有佳的通史出现，然其书自有别裁，《二十四史》之原料，终不能全行收入。以故，《二十四史》终久仍为国民应读之书。

书既应读，而又浩繁难读，则如之何？吾今试为学者拟摘读之法数条。

一曰就书而摘。《史记》，《汉书》，《后汉书》，《三国志》：俗称"四史"。其书皆大史家一手著述，体例精严；且时代近古，向来学人诵习者众，在学界之势力与六经诸子埒。吾辈为常识计，非一读不可。吾希望学者将此《四史》之列传，全体浏览一过，仍摘出若干篇稍为熟诵以资学文之助。因《四史》中佳文最多也。(若欲吾举其目亦可，但手边无原书，当以异日。)《四史》之外，则《明史》共认为官修书中之最佳者，且时代最近，亦宜稍为详读。

二曰就事分类而摘读志。例如欲研究经济史财政史，则读《平准书》、《食货志》；欲研究音乐，则读《乐书》、《乐志》；欲研究兵制，则读《兵志》；欲研究学术史，则读《艺文志》、《经籍志》，附以《儒林传》；欲研究宗教史，则读《魏书·释老志》(可惜他史无之)。……每研究一门，则通各史此门之志而读之，且与《文献通考》之此门合读。当其读时，必往往发现许多资料散见于各传者，随即跟踪调查其传以读之。如此引申触类，渐渐便能成为经济史宗教史……等等之长编，将来荟萃而整理之，便成著述矣。

三曰就人分类而摘读传。读名人传记，最能激发人志气，且于应事接物之智慧增长不少，古人所以贵读史者以此。全史名传既不能遍读(且亦不必)，则宜择伟大人物之传读之，每史亦不过二三十篇耳，此外又可就其所欲研究者而择读：如欲研究学术史，则读《儒林传》及其他学者之专传；欲研究文学史，则读《文苑传》及其他文学家之专传。……用此法读去，恐只患其少，不患其多矣。

又各史之《外国传》、《蛮夷传》、《土司传》等，包含种族史及社会学之原料最多，极有趣，吾深望学者一读之。

▲《廿二史札记》　赵翼著

学者读正史之前，吾劝其一浏览此书。记称"属辞比事春秋之教"，此书深得"比事"之诀，每一个题目之下其资料皆从几十篇传中零零碎碎觅出，如采花成蜜，学者能用其法以读史，便可养成著述能力（内中校勘文字异同之部约占三分之一，不读亦可）。

▲《圣武记》　魏源著。

▲《国朝先正事略》　李元度著。

清朝一代史迹，至今尚无一完书可读，最为遗憾。姑举此二书充数。魏默深有良史之才，《圣武记》为《纪事本末》体裁，叙述绥服蒙古戡定金川抚循西藏……诸役，于一事之原因结果及其中间进行之次序，若指诸掌，实罕见之名著也。李次青之《先正事略》，道光以前人物略具，文亦有法度，宜一浏览，以知最近二三百年史迹大概。日本人稻叶君山所著《清朝全史》尚可读（有译本）。

▲《读史方舆纪要》　顾祖禹著。

此为最有组织的地理书。其特长在专论形势，以地域为经，以史迹为纬，读之不感干燥。此书卷帙虽多，专读其叙论（至各府止），亦不甚费力，且可引起地理学兴味。

▲《史通》　刘知几著。

此书论作史方法，颇多特识，宜浏览。章氏《文史通义》,性质略同,范围较广,已见前。

▲《中国历史研究法》　梁启超著。

读之可增史学兴味,且知治史方法。

(丙)韵文书类

▲《诗经》

希望学者能全部熟读成诵;即不尔,亦须一大部分能举其词。注释书,陈奂《诗毛氏传疏》最善。

▲《楚辞》

屈、宋作,宜熟读,能成诵最佳。其余可不读。注释书,朱熹《楚辞集注》较可。

▲《文选》

择读。

▲《乐府诗集》　郭茂倩编。

专读其中不知作者姓名之汉古辞,以见魏六朝乐府风格。其他不必读。

魏、晋、六朝人诗宜读以下各家:曹子建,阮嗣宗,陶渊明,谢康乐,鲍明远,谢玄晖。无单行集者,可用张溥《汉魏百三家集》本或王闿运《八代诗选》本。

▲《李太白集》

▲《杜工部集》

▲《王右丞集》

▲《孟襄阳集》

▲《韦苏州集》

▲《高常侍集》

▲《韩昌黎集》

▲《柳河东集》

▲《白香山集》

▲《李义山集》

▲《王临川集》 （诗宜用李璧注本）

▲《苏东坡集》

▲《元遗山集》

▲《陆放翁集》

以上唐、宋人诗文集。

▲《唐百家诗选》 王安石选。

▲《宋诗抄》 吕留良抄。

以上唐、宋诗选本。

▲《清真词》 周美成。

▲《醉翁琴趣》 欧阳修。

▲《东坡乐府》 苏轼。

▲《屯田集》　柳永。

▲《淮海词》　秦观。

▲《樵歌》　朱敦儒。

▲《稼轩词》　辛弃疾。

▲《后村词》　刘克庄。

▲《白石道人歌曲》　姜夔。

▲《碧山词》　王沂孙。

▲《梦窗词》　吴文英。

以上宋人词集。

▲《西厢记》

▲《琵琶记》

▲《牡丹亭》

▲《桃花扇》

▲《长生殿》

以上元明清人曲本。

本门所列书，专资学者课余讽诵陶写情趣之用，既非为文学专家说法，尤非为治文学史者说法，故不曰文学类而曰韵文类。文学范围，最少应包含古文（骈散文）及小说。吾以为苟非欲作文学专家，则无专读小说之必要。至于古文，本不必别学。吾辈总须读周秦诸子《左传》、《国策》、《四史》、《通鉴》及其关于思想关于记载之著作，苟能多读，自能属文。何必格外标举一种名曰古文耶？故专以文鸣之文集不复录（其与学问有关系之文集散见各门）。《文选》及韩、柳、王集聊附见耳。学者如必欲就文求文，无已，则姚鼐之《古文辞类纂》，李兆洛之《骈体文抄》，曾国藩之《经史百家杂抄》可用也。

清人不以韵文见长，故除曲本数部外，其余诗词皆不复列举。无已，则于最初期与最末期各举诗词家一人，吴伟业之《梅村诗集》与黄遵宪之《人境庐诗集》，成德之《饮水词》与文焯之《樵风乐府》也。

（丁）小学书及文法书类

▲《说文解字注》　段玉裁著。

▲《说文通训定声》　朱骏声著。

▲《说文释例》　王筠著。

段著为《说文》正注。朱注明音与义之关系。王著为《说文》通释。读此三书，略可通《说文》矣。

▲《经传释词》　王引之著。

▲《古书疑义举例》　俞樾著。

▲《文通》　马建忠著。

读此三书，可知古人语法文法。

▲《经籍纂诂》　阮元编。

此书汇集各字之义训，宜置备检查。

文字音韵，为清儒最擅之学，佳书林立。此仅举入门最要之数种。若非有志研究斯学者，并此诸书不读亦无妨耳。

（戊）随意涉览书类

学问固贵专精，又须博涉以辅之。况学者读书尚少时，不甚自知其性所近者为何。随意涉猎，初时并无目的，不期而引起问题，发生趣味，从此向某方面深造研究，遂成绝业者，往往而有也。吾故杂举有用或有趣之各书，供学者自由翻阅之娱乐。读此者不必顺叶次，亦不必求终卷也（各书亦随忆想所及杂举，无复诠次）。

▲《四库全书总目提要》

清乾隆间四库馆，董其事者皆一时大学者，故所作提要，最称精审，读之可略见各书内容（中多偏至语，自亦不能免）。宜先读各部类之叙录，其各书条下则随意抽阅。有所谓存目者，其书被屏，不收入四库者也。内中颇有怪书，宜稍注意读之。

▲《世说新语》

将晋人谈玄语分类纂录，语多隽妙，课余暑暇之良伴侣。

▲《水经注》　郦道元撰，戴震校。

六朝人地理专书。但多描风景，记古迹，文辞华妙，学作小品文最适用。

▲《文心雕龙》　刘勰撰。

六朝人论文书。论多精到，文亦雅丽。

▲《大唐三藏慈恩法师传》　慧立撰。

此为玄奘法师详传。玄奘为第一位留学生，为大思想家，读之可以增长志气。

▲《徐霞客游记》

霞客晚明人，实一大探险家。其书极有趣。

▲《梦溪笔谈》　沈括。

宋人笔记中含有科学思想者。

▲《困学纪闻》　王应麟撰，阎若璩注。

宋人始为考证学者。顾亭林《日知录》颇仿其体。

▲《通艺录》　程瑶田撰。

清代考证家之博物书。

▲《癸巳类稿》　俞正燮撰。

多为经学以外之考证，如考棉花来历，考妇人缠足历史，辑李易安事迹等。又多新颖之论，如论妒非妇人恶德等。

▲《东塾读书记》　陈澧撰。

此书仅五册，十余年乃成。盖合数十条笔记之长编乃成一条笔记之定稿，用力最为精苦，读之可识搜集资料及驾驭资料之方法。书中论郑学，论朱学，论诸子，论三国诸卷最善。

▲《庸庵笔记》 薛福成。

多记清咸丰同治间掌故。

▲《张太岳集》 张居正。

江陵为明名相，其信札益人神智，文章亦美。

▲《王心斋先生全书》 王艮。

吾常名心斋为平民的理学家。其人有生气。

▲《朱舜水遗集》 朱之瑜。

舜水为日本文化之开辟人，唯一之国学输出者，读之可见其人格。

▲《李恕谷文集》 李塨

恕谷为习斋门下健将，其文劲达。

▲《鲒埼亭集》 全祖望。

集中记晚明掌故甚多。

▲《潜研堂集》 钱大昕。

竹汀为清儒中最博洽者，其对伦理问题，亦颇有新论。

▲《述学》 汪中。

容甫为治诸子学之先登者，其文格在汉晋间，极遒美。

▲《洪北江集》 洪亮吉。

北江之学长于地理，其小品骈体文描写景物，美不可言。

▲《定庵文集》 龚自珍。

吾少时心醉此集,今颇厌之。

▲《曾文正公全集》 曾国藩。

▲《胡文忠公集》 胡林翼。

右(上)二集信札最可读,读之见其治事条理及朋友风义。曾涤生文章尤美,集桐城派之大成。

▲《苕溪渔隐丛话》 胡仔。

诗话中资料颇丰富者。

▲《词苑丛谈》 徐釚。

唯一之词话,颇有趣。

▲《语石》 叶昌炽。

以科学方法治金石学,极有价值。

▲《书林清话》 叶德辉。

论刻书源流及藏书掌故,甚好。

▲《广艺舟双楫》 康有为。

论写字,极精博,文章极美。

▲《剧说》 焦循。

▲《宋元戏曲史》 王国维。

二书论戏剧,极好。

既谓之涉览,自然无书不可涉,无书不可览,本不能胪举书目,若举之非累数十纸不可。右(上)所列不伦不类之寥寥十余种，随杂忆所及当坐谭耳。若绳以义例，则笑绝冠缨矣。

附录一 最低限度之必读书目

右（上）所列五项，倘能依法读之，则国学根柢略立，可以为将来大成之基矣。惟青年学生校课既繁，所治专门别有在，恐仍不能人人按表而读。今再为拟一真正之最低限度如下：

《四书》《易经》《书经》《诗经》《礼记》《左传》《老子》《墨子》《庄子》《荀子》《韩非子》《战国策》《史记》《汉书》《后汉书》《三国志》《资治通鉴》(或《通鉴纪事本末》）《宋元明史纪事本末》《楚辞》《文选》《李太白集》《杜工部集》《韩昌黎集》《柳河东集》《白香山集》 其他词曲集随所好选读数种。

以上各书，无论学矿学工程学……皆须一读。若并此未读，真不能认为中国学人矣。

附录二 治国学杂话

学生做课外学问是最必要的，若只求讲堂上功课及格，便算完事,那么,你进学校,只是求文凭,并不是求学问。你的人格,先已不可问了。再者,此类人一定没有"自发"的能力,不特不能成为一个学者,亦断不能成为社会上治事领袖人才。课外学问,自然不专指读书:如试验,如观察自然界,……都是极好的。但读课外书,最少要算课外学问的主要部分。

一个人总要养成读书趣味。打算做专门学者,固然要如此。打算做事业家,也要如此,因为我们在工厂里在公司里在议院里在……里做完一天的工作出来之后,随时立刻可以得着愉快的伴侣,莫过于书籍,莫便于书籍。

但是将来这种愉快得着得不着,大概是在学校时代已经决定。因为必须养成读书习惯才能尝着读书趣味。人生一世的习惯,出了学校门限,已经铁铸成了。所以在学校中不读课外书以养成自己自动的读书习惯,这个人简直是自己剥夺自己终身的幸福。

读书自然不限于读中国书,但中国人对于中国书,最少也该和外国书作平等待遇,你这样待遇他,他给回你的愉快报酬,最少也和读外国书所得的有同等分量。

中国书没有整理过,十分难读,这是人人公认的。但会做学问的人,觉得趣味就在这一点。吃现成饭,是最没有意思的事,是最没有出息的人才喜欢的。一种问题,被别人做完了，四平八正的编成教科书样子给我读，读去自然是毫不费力。但从这不费力上头结果便令我的心思不细致不刻入。专门喜欢读这类书的人，久而久之，会把自己创作的才能汨没哩。在纽约、芝加哥笔直的马路崭新的洋房里舒舒服服混一世，这个人一定是过的毫无意味的平庸生活；若要过有意味的生活，须是哥仑布初到美洲时。

中国学问界，是千年未开的矿穴，矿苗异常丰富。但非我们亲自绞脑筋绞汗水，却开不出来。翻过来看，只要你绞一分脑筋一分汗水，当然还你一分成绩，所以有趣。

所谓中国学问界的矿苗，当然不专指书籍。自然界和社会实况，都是极重要的。但书籍为保存过去原料之一种宝库，且可以为现在实测各方面之引线。就这点看来，我们对于书籍之浩瀚，应该欢喜感谢他，不应该厌恶他。因为我们的事业比方要开工厂，原料的供给，自然是越丰富越好。

读中国书，自然像披沙拣金，沙多金少。但我们若把他作原料看待，有时寻常人认为极无用的书籍和语句，也许有大功用。须知工厂种类多着呢。一个厂里头还有许多副产物哩。何止金有用，沙也有用。

若问读书方法，我想向诸君上一个条陈：这方法是极陈旧极笨极麻烦的。然而实在是极必要的。什么方法呢？是抄录或笔记。我们读一部名著，看见他征引那么繁博，分析那么细密，动辄伸着舌头说道：这个人不知有多大记忆力，记得许多东西，这是他的特别天才，我们不能学步了。其实那里有这回事。好记性的人不见得便有智慧；有智慧的人比较的倒是记性不甚好。你所看见者是他发表出来的成果，不知他这成果原是从铢积寸累困知勉行得来。大抵凡一个大学者平日用功，总是有无数小册子或单纸片，读书看见一段资料觉其有用者，即刻抄下（短的抄全文，长的摘要记书名卷数叶数）。资料渐渐积得丰富，再用眼光来整理分析他，便成一篇名著。想看这种痕迹，读赵瓯北的《廿二史札记》，陈兰甫的《东塾读书记》，最容易看出来。

这种工作，笨是笨极了，苦是苦极了。但真正做学问的人，总离不了这条路。做动植物的人，懒得采集标本，说他会有新发明，天下怕没有这种便宜事。

发明的最初动机在注意。抄书便是促醒注意及继续保存注意的最好方法。当读一书时，忽然感觉这一段资料可注意，把他抄下，这件资料，自然有一微微的印象印入脑中，和滑眼看过不同。经过这一番后，过些时碰着第二个资料和这个有关系的，又把他抄下，那注意便加浓一度，经过几次之后，每翻一书，遇有这项资料，便活跳在纸上，不必劳神费力去找了。这是我多年经验得来的实况。诸君试拿一年工夫去试试，当知我不说谎。

先辈每教人不可轻言著述。因为未成熟的见解公布出来，会自误误人，这原是不错的。但青年学生"斐然有述作之誉"，也是实际上鞭策学问的一种妙用。譬如同是读《文献通考》的《钱币考》，各史《食货志》中钱币项下各文，泛泛读去，没有什么所得。倘若你一面读一面便打主意做一篇中国货币沿革考，这篇考做的好不好另一问题，你所读的自然加几倍受用。譬如同读一部《荀子》，某甲泛泛读去，某乙一面读一面打主意做部荀子学案，读过之后，两个人的印象深浅，自然不同。所以我很奖励青年好著书的习惯。至于所著的书，拿不拿给人看，什么时候才认成功，这还不是你的自由吗？

每日所读之书，最好分两类：一类是精读的，一类是涉览的。因为我们一面要养成读书心细的习惯，一面要养成读书眼快的习惯。心不细则毫无所得，等于白读；眼不快则时候不够用，不能博搜资料。诸经诸子《四史》、《通鉴》等书，宜入精读之部，每日指定某时刻读他，读时一字不放过，读完一部才读别部。想抄录的随读随抄。另外指出一时刻，随意涉览。觉得有趣，注意细看；觉得无趣，便翻次叶。遇有想抄录的，也俟读完再抄，当时勿窒其机。

诸君勿因初读中国书勤劳大而结果少，便生退悔。因为我们读书,并不是想真向现时所读这一本书里头现钱现货的得多少报酬,最要紧的是涵养成好读书的习惯和磨炼出善读书的脑力。青年期所读各书,不外借来做达这两个目的的梯子。我所说的前提倘若不错,则读外国书和读中国书当然都各有益处。外国名著,组织得好,易引起趣味;他的研究方法,整整齐齐摆出来,可以做我们的模范;这是好处。我们滑眼读去,容易变成享现成福的少爷们,不知甘苦来历,这是坏处。中国书未经整理,一读便是一个闷头棍,每每打断趣味,这是坏处。逼着你披荆斩棘,寻路来走,或者走许多冤枉路(只要走路断无冤枉,走错了回头,便是绝好教训)。从甘苦阅历中磨炼出智慧,得苦尽甘来的趣味,那智慧和趣味却最真切,这是好处。

还有一件:我在前项书目表中,有好几处写"希望熟读成诵"字样。我想诸君或者以为甚难,也许反对说我顽旧。但我有我的意思,我并不是奖励人勉强记忆。我所希望熟读成诵的有两种类。一种类是最有价值的文学作品;一种类是有益身心的格言。好文学是涵养情趣的工具,做一个民族的分子,总须对于本民族的好文学十分领略。能熟读成诵,才在我们的"下意识"里头,得着根柢,不知不觉会"发酵"。有益身心的圣哲格言,一部分久已在我们全社会上形成共同意识。我既做这社会的分子,总要彻底了解他,才不至和共同意识生隔阂。一方面我们应事接物时候,常常仗他给我们的光明。要平日摩得熟,临时才用得着。我所以有些书希望熟读成诵者在此。但亦不过一种格外希望而已,并不谓非如此不可。

最后我还专向清华同学诸君说几句话:我希望诸君对于国学的修养比旁的学校学生格外加功。诸君受社会恩惠,是比别人独优的。诸君将来在全社会上一定占势力,是眼看得见的。诸君回国之后对于中国文化有无贡献,便是诸君功罪的标准。饶你学成一位天字第一号形神毕肖的美国学者,只怕于中国文化没有多少影响。若这样便有影响,我们把美国蓝眼睛的大博士抬一百几十位来便够了,又何必诸君呢。诸君须要牢牢记着:你不是美国学生,是中国留学生。如何才配叫做中国留学生,请你自己打主意罢。

附录三 评胡适之的《一个最低限度的国学书目》

胡君这书目,我是不赞成的,因为他文不对题。胡君说:"并不为国学有根柢的人设想,只为普通青年人想得一点系统的国学知识的人设想。"依我看,这个书目,为"国学已略有根柢而知识绝无系统"的人说法,或者还有一部分适用。我想：《清华周刊》诸君所想请教胡君的并不在此，乃是替那些"除却读商务印书馆教科书之外没有读过一部中国书"的青年们打算。若我所猜不错，那么，胡君答案，相隔太远了。

胡君致误之由：第一在不顾客观的事实，专凭自己主观为立脚点。胡君正在做中国哲学史中国文学史，这个书目正是表示他自己思想的路径和所凭借的资料（对不对又另有一问题，现在且不讨论）。殊不知一般青年，并不是人人都要做哲学史家文学史家。不是做哲学史家文学史家，这里头的书什有七八可以不读。真要做哲学史文学史家，这些书却又不够了。

胡君第二点误处，在把应读书和应备书混为一谈。结果不是个人读书最低限度，却是私人及公共机关小图书馆之最低限度（但也不对，只好说是哲学史文学史家私人小图书馆之最低限度）。殊不知青年学生（尤其清华）正苦于跑进图书馆里头不知读什么书才好，不知如何读法，你给他一张图书馆书目，有何用处。何况私人购书，谈何容易。这张书目，如何能人人购置。结果还不是一句话吗？

我最诧异的：胡君为什么把史部书一概摒绝！一张书目名字叫做"国学最低限度"，里头有什么《三侠五义》、《九命奇冤》，却没有《史记》、《汉书》、《资治通鉴》，岂非笑话?若说《史》、《汉》、《通鉴》是要"为国学有根柢的人设想"才列举,恐无此理。若说不读《三侠五义》、《九命奇冤》便够不上国学最低限度,不瞒胡君说,区区小子便是没有读过这两部书的人。我虽自知学问浅陋,说我连国学最低限度都没有,我却不服。

平心而论,做文学史(尤其做白话文学史)的人,这些书自然该读。但胡君如何能因为自己爱做文学史便强一般青年跟着你走?譬如某人喜欢金石学,尽可将金石类书列出一张系统的研究书目;某人喜欢地理学,尽可以将地理类书列出一张系统的研究书目。虽然,只是为本行人说法,不能应用于一般。依我看,胡君所列各书,大半和《金石萃编》、《愙斋集》、《古录殷墟书契考释》(金石类书)、《水道提纲》、《朔方备乘》、《元史译文证补》(地理类书)等等同一性质。虽不是不应读之书,却断不是人人必应读之书(胡君复《清华周刊》信说:"我的意思是要一班留学生知道《元曲选》等是应该知道的书。"依着这句话,留学生最少也该知道《殷墟书契考释》、《朔方备乘》……是应该知道的书。那么,将一部《四库全书总目》搬字过纸更列举后出书千数百种便了,何必更开最低限度书目?须知"知道"是一件事,"必读"又别是一件事)。

我的主张,很是平淡无奇。我认定史部书为国学最主要部分。除先秦几部经书几部子书之外,最要紧的便是读正史《通鉴》、《宋元明纪事本末》和《九通》中之一部分，以及关系史学之笔记文集等，算是国学常识，凡属中国读书人都要读的。有了这种常识之人不自满足，想进一步做专门学者时，你若想做哲学史家，文学史家，你就请教胡君这张书目。你若想做别一项专门家，还有许多门我也可以勉强照胡君样子替你另开一张书目哩。

胡君对于自己所好的两门学问研究甚深，别择力甚锐，以为一般青年也该如此，不必再为别择，所以把许多书目胪列出来便了。试思一百多册的《正谊堂全书》千篇一律的"理气性命"，叫青年何从读起？何止正谊堂，即以浙刻《二十二子》论，告诉青年说这书该读，他又何从读起？至于其文学史之部所列《全上古三代秦汉三国六朝文》，《全汉三国晋南北朝诗》，《古文苑》，《续古文苑》，《唐文粹》，《全唐诗》，《宋文鉴》，《南宋文范》，《南宋文录》，《宋诗抄》，《宋六十家词》，《四印斋宋元词》，《彊邨所刻词》，《元曲选百种》，《金文最》，《元文类》，《明文在》，《列朝诗集》，《明诗综》，《六十种曲》等书，我大略估计，恐怕总数在一千册以上，叫人从何读起？青年学生，因为我们是"老马识途"，虚心请教，最少也应告诉他一个先后次序。例如唐诗该先读某家后读某家，不能说你去读《全唐诗》便了。《宋词》该先读某家后读某家，不能说请你把王幼霞、朱古微所刻的都读。若说你全部读过后自会别择，诚然不错。只怕他索性不读便了。何况青年若有这许多精力日力来读胡君指定的一千多册文学书，何如用来读《二十四史》、《九通》呢？

还有一层：胡君忘却学生没有最普通的国学常识时，有许多书是不能读的。试问连《史记》没有读过的人，读崔适《史记探源》懂他说的什么？连《尚书》，《史记》，《礼记》，《国语》没有读过的人，读崔述《考信录》懂他说的什么？连《史记·儒林传》，《汉书·艺文志》没有读过的人，读康有为《新学伪经考》，懂他说的什么？这不过随手举几个例，其他可以类推。假如有一位学生（假定还是专门研究思想史的学生），敬谨遵依胡君之教，顺着他所开书目读去，他的书明明没有《尚书》、《史记》、《汉书》这几部书，你想这位学生，读到崔述、康有为、崔适的著述时，该怎么样狼狈呢？胡君之意，或者以这位学生早已读过《尚书》、《史记》、《汉书》为前提，以为这样普通书，你当然读过，何必我说。那么，《四书》更普通，何以又列入呢？总而言之，《尚书》、《史记》、《汉书》、《资治通鉴》为国学最低限度不必要之书，《正谊堂全书》……《缀白裘》……《儿女英雄传》……反是必要之书，真不能不算石破天惊的怪论！（思想史之部，连《易经》也没有。什么原故，我也要求胡君答复。)

总而言之,胡君这篇书目,从一方面看,嫌他挂漏太多;从别方面看,嫌他博而寡要,我认为是不合用的。

《中国哲学史大纲》导言

哲学的定义

哲学的定义从来没有一定的。我如今也暂下一个定义："凡研究人生切要的问题，从根本上着想，要寻一个根本的解决：这种学问叫做哲学。"例如行为的善恶，乃是人生一个切要问题。平常人对着这问题，或劝人行善去恶，或实行赏善罚恶，这都算不得根本的解决。哲学家遇着这问题，便去研究什么叫做善，什么叫做恶；人的善恶还是天生的呢，还是学得来的呢；我们何以能知道善恶的分别，还是生来有这种观念，还是从阅历经验上学得来的呢；善何以当为，恶何以不当为；还是因为善事有利所以当为，恶事有害所以不当为呢；还是只论善恶，不论利害呢：这些都是善恶问题的根本方面。必须从这些方面着想，方可希望有一个根本的解决。

因为人生切要的问题不止一个,所以哲学的门类也有许多种。例如:

一、天地万物怎样来的。(宇宙论)

二、知识思想的范围、作用及方法。(名学及知识论)

三、人生在世应该如何行为。(人生哲学旧称"伦理学")

四、怎样才可使人有知识、能思想、行善去恶呢。(教育哲学)

五、社会国家应该如何组织、如何管理。(政治哲学)

六、人生究竟有何归宿。(宗教哲学)

哲学史

这种种人生切要问题,自古以来,经过了许多哲学家的研究。往往有一个问题发生以后,各人有各人的见解,各人有各人的解决方法,遂致互相辩论。有时一种问题过了几千百年,还没有一定的解决法。例如孟子说人性是善的,告子说性无善无不善,荀子说性是恶的。到了后世,又有人说性有上中下三品,又有人说性是无善无恶可善可恶的。若有人把种种哲学问题的种种研究法和种种解决方法,都依着年代的先后和学派的系统一一记叙下来,便成了哲学史。

哲学史的种类也有许多：

一、通史。例如《中国哲学史》，《西洋哲学史》之类。

二、专史。(一)专治一个时代的，例如《希腊哲学史》，《明儒学案》。(二)专治一个学派的，例如《禅学史》，《斯多亚派哲学史》。(三)专讲一人的学说的，例如《王阳明的哲学》，《康德的哲学》。(四)专讲哲学的一部分的历史，例如《名学史》，《人生哲学史》，《心理学史》。

哲学史有三个目的：

（一）明变　哲学史第一要务，在于使学者知道古今思想沿革变迁的线索。例如孟子、荀子同是儒家，但是孟子、荀子的学说和孔子不同，孟子又和荀子不同。又如宋儒、明儒也都自称孔氏，但是宋明的儒学，并不是孔子的儒学，也不是孟子、荀子的儒学。但是这个不同之中，却也有个相同的所在，又有个一线相承的所在。这种同异沿革的线索，非有哲学史不能明白写出来。

（二）求因　哲学史目的，不但要指出哲学思想沿革变迁的线索，还须要寻出这些沿革变迁的原因。例如程子、朱子的哲学，何以不同于孔子、孟子的哲学？陆象山、王阳明的哲学，又何以不同于程子、朱子呢？这些原因，约有三种：

（甲）个人才性不同。

（乙）所处的时势不同。

（丙）所受的思想学术不同。

（三）评判　既知思想的变迁和所以变迁的原因了，哲学史的责任还没有完，还须要使学者知道各家学说的价值：这便叫做评判。但是我说的评判，并不是把做哲学史的人自己的眼光，来批评古人的是非得失。那种"主观的"评判，没有什么大用处。如今所说，乃是"客观的"评判。这种评判法，要把每一家学说所发生的效果表示出来。这些效果的价值，便是那种学说的价值。这些效果大概可分为三种：

（甲）要看一家学说在同时的思想和后来的思想上发生何种影响。

（乙）要看一家学说在风俗政治上发生何种影响。

（丙）要看一家学说的结果可造出什么样的人格来。

例如古代的"命定主义"，说得最痛切的，莫如庄子。庄子把天道看作无所不在无所不包，故说"庸讵知吾所谓天之非人乎？所谓人之非天乎？"因此他有"乘化以待尽"的学说。这种学说，在当时遇着荀子，便发生一种反动力。荀子说"庄子蔽于天而不知人"，所以荀子的《天论》极力主张征服天行，以利人事。但是后来庄子这种学说的影响，养成一种乐天安命的思想，牢不可破。在社会上，好的效果，便是一种达观主义；不好的效果，便是懒惰不肯进取的心理。造成的人才，好的便是陶渊明、苏东坡；不好的便是刘伶一类达观的废物了。

中国哲学在世界哲学史上的位置

世界上的哲学大概可分为东西两支。东支又分印度、中国两系。西支也分希腊、犹太两系。初起的时候，这四系都可算作独立发生的。到了汉以后，犹太系加入希腊系，成了欧洲中古的哲学。印度系加入中国系，成了中国中古的哲学。到了近代，印度系的势力渐衰，儒家复起，遂产生了中国近世的哲学，历宋元明清直到于今。欧洲的思想，渐渐脱离了犹太系的势力，遂产生欧洲的近世哲学。到了今日，这两大支的哲学互相接触、互相影响。五十年后，一百年后，或竟能发生一种世界的哲学，也未可知。

附世界哲学统系图

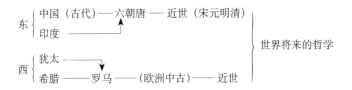

中国哲学史的区分

中国哲学史可分三个时代：

（一）古代哲学　自老子至韩非，为古代哲学。这个时代，又名"诸子哲学"。

（二）中世哲学　自汉至北宋，为中世哲学。这个时代，大略又可分作两个时期：

（甲）中世第一时期自汉至晋，为中世第一时期。这一时期的学派，无论如何不同，都还是以古代诸子的哲学作起点的。例如《淮南子》是折衷古代各家的；董仲舒是儒家的一支；王充的天论得力于道家，性论折衷于各家；魏晋的老庄之学，更不用说了。

（乙）中世第二时期自东晋以后，直到北宋，这几百年中间，是印度哲学在中国最盛的时代。印度的经典，次第输入中国。印度的宇宙论、人生观、知识论、名学、宗教哲学，都能于诸子哲学之外，别开生面，别放光彩。此时凡是第一流的中国思想家，如智𫖮、玄奘、宗密、窥基，多用全副精力，发挥印度哲学。那时的中国系的学者，如王通、韩愈、李翱诸人，全是第二流以下的人物。他们所有的学说，浮泛浅陋，全无精辟独到的见解。故这个时期的哲学，完全以印度系为主体。

(三) 近世哲学　唐以后，印度哲学已渐渐成为中国思想文明的一部分。譬如吃美味，中古第二时期是仔细咀嚼的时候，唐以后便是胃里消化的时候了。吃的东西消化时，与人身本有的种种质料结合，别成一些新质料。印度哲学在中国，到了消化的时代，与中国固有的思想结合，所发生的新质料，便是中国近世的哲学。我这话初听了好像近于武断。平心而论，宋明的哲学，或是程朱，或是陆王，表面上虽都不承认和佛家禅宗有何关系，其实没有一派不曾受印度学说的影响的。这种影响，约有两方面：一面是直接的。如由佛家的观心，回到孔子的"操心"，到孟子的"尽心"、"养心"，到《大学》的"正心"；是直接的影响。一面是反动的。佛家见解尽管玄妙，终究是出世的，是"非伦理的"。宋明的儒家，攻击佛家的出世主义，故极力提倡"伦理的"入世主义。明心见性，以成佛果，终是自私自利；正心诚意，以至于齐家、治国、平天下，便是伦理的人生哲学了。这是反动的影响。

明代以后，中国近世哲学完全成立。佛家已衰，儒家成为一尊。于是又生反动力，遂有汉学宋学之分。清初的汉学家，嫌宋儒用主观的见解，来解古代经典，有"望文生义"、"增字解经"种种流弊。故汉学的方法，只是用古训、古音、古本等等客观的根据，来求经典的原意。故嘉庆以前的汉学宋学之争，还只是儒家的内哄。但是汉学家既重古训古义，不得不研究与古代儒家同时的子书，用来作参考互证的材料。故清初的诸子学，不过是经学的一种附属品，一种参考书。不料后来的学者，越研究子书，越觉得子书有价值。故孙星衍、王念孙、王引之、顾广圻、俞樾诸人，对于经书与子书，简直没有上下轻重和正道异端的分别了。到了最近世，如孙诒让、章炳麟诸君，竟都用全副精力发明诸子学。于是从前作经学附属品的诸子学，到此时代，竟成专门学。一般普通学者崇拜子书，也往往过于儒书。岂但是"附庸蔚为大国"，简直是"婢作夫人"了。

综观清代学术变迁的大势，可称为古学昌明的时代。自从有了那些汉学家考据、校勘、训诂的工夫，那些经书子书，方才勉强可以读得。这个时代，有点像欧洲的"再生时代"（再生时代，西名Renaissance，旧译文艺复兴时代）。欧洲到了"再生时代"昌明古希腊的文学哲学，故能推翻中古"经院哲学"（旧译烦琐哲学，极不通。原文为Scholasticism，今译原义）的势力，产出近世的欧洲文化。我们中国到了这个古学昌明的时代，不但有古书可读，又恰当西洋学术思想输入的时代，有西洋的新旧学说可供我们的参考研究。我们今日的学术思想，有这两个大源头：一方面是汉学家传给我们的古书；一方面是西洋的新旧学说。这两大潮流汇合以后，中国若不能产生一种中国的新哲学，那就真是辜负了这个好机会了。

哲学史的史料

上文说哲学史有三个目的：一是明变，二是求因，三是评判。但是哲学史先须做了一番根本工夫，方才可望达到这三个目的。这个根本工夫，叫做述学。述学是用正确的手段，科学的方法，精密的心思从所有的史料里面，求出各位哲学家的一生行事，思想渊源沿革和学说的真面目。为什么说"学说的真面目"呢？因为古人读书编书最不细心，往往把不相干的人的学说并入某人的学说（例如《韩非子》的第一篇是张仪说秦王的书。又如《墨子·经上、下》、《经说上、下》、《大取》、《小取》诸篇，决不是墨翟的书）；或把假书作为真书（如《管子》、《关尹子》、《晏子春秋》之类）；或把后人加入的篇章，作为原有的篇章（此弊诸子书皆不能免。试举《庄子》为例，《庄子》书中伪篇最多，世人竟有认《说剑》、《渔父》诸篇为真者。其他诸篇，更无论矣）；或不懂得古人的学说，遂致埋没了（如《墨子·经上》诸篇）；或把古书解错了，遂失原意（如汉人用分野、交辰、卦气说《易经》，宋人用太极图，先天卦位图说《易经》。又如汉人附会《春秋》，来说灾异。宋人颠倒《大学》，任意补增，皆是其例）；或各用己意解古书，闹得后来众说纷纷，糊涂混乱（如《大学》中"格物"两字，解者多至七十余家。又如老庄之书，说者纷纷，无两家相同者)。有此种种障碍，遂把各家学说的真面目大半失掉了。至于哲学家的一生行事和所居的时代，古人也最不留意。老子可见杨朱；庄周可见鲁哀公；管子能说毛嫱、西施；墨子能见吴起之死和中山之灭；商鞅能知长平之战；韩非能说荆、齐、燕、魏之亡。此类笑柄，不可胜数。《史记》说老子活了一百六十多岁，或言二百余岁，又说孔子死后一百二十九年，老子还不曾死。那种神话，更不足论了。哲学家的时代，既不分明，如何能知道他们思想的传授沿革？最荒谬的是汉朝的刘歆、班固说诸子的学说都出于王官；又说"合其要归，亦六经之支与流裔"(《汉书·艺文志》。看胡适《诸子不出于王官论》、《太平洋》杂志第一卷第七号)。诸子既都出于王官与六经，还有什么别的渊源传授可说？

以上所说，可见"述学"之难。述学的所以难，正为史料或不完备，或不可靠。哲学史的史料，大概可分为两种：一为原料，一为副料。今分说于下：

一、原料 哲学史的原料，即是各哲学家的著作。近世哲学史对于这一层，大概没有什么大困难。因为近世哲学发生在印书术通行以后，重要的哲学家的著作，都有刻板流传；偶有散失埋没的书，终究不多。但近世哲学史的史料，也不能完全没有疑窦。如谢良佐的《上蔡语录》里，是否有江民表的书？如朱熹的《家礼》是否可信为他自己的主张？这都是可疑的问题。又宋儒以来，各家都有语录，都是门弟子笔记的。这些语录，是否无误记误解之处，也是一个疑问。但是大致看来，近世哲学史料还不至有大困难。到了中世哲学史，便有大困难了。汉代的书，如贾谊的《新书》，董仲舒的《春秋繁露》，都有后人增加的痕迹。又如王充的《论衡》，是汉代一部奇书，但其中如《乱龙》篇极力为董仲舒作土龙求雨一事辩护，与全书的宗旨恰相反。篇末又有"《论衡》终之，故曰乱龙。乱者，终也"的话，全无道理。明是后人假造的。此外重复的话极多。伪造的书定不止这一篇。又如仲长统的《昌言》，乃是中国政治哲学史上有数的书，如今已失，仅存三篇。魏晋人的书，散失更多。《三国志》、《晋书》、《世说新语》所称各书，今所存的，不过几部书。如《世说新语》说魏晋注《庄子》的有几十家，今但有郭象注完全存在。《晋书》说鲁胜有《墨辩注》，今看其序，可见那注定极有价值，可惜现在不传了。后人所编的汉魏六朝人的集子，大抵多系东抄西摘而成的，那原本的集子大半都散失了。故中古哲学史料最不完全。我们不能完全恢复魏晋人的哲学著作，是中国哲学史最不幸的事。到了古代哲学史，这个史料问题更困难了。表面上看来，古代哲学史的重要材料，如孔、老、墨、庄、孟、荀、韩非的书，都还存在。仔细研究起来，这些书差不多没有一部是完全可靠的。大概《老子》里假的最少。《孟子》或是全真，或是全假（宋人疑《孟子》者甚多）。依我看来，大约是真的。称"子曰"或"孔子曰"的书极多，但是真可靠的实在不多。《墨子》、《荀子》两部书里，很多后人杂凑伪造的文字。《庄子》一书，大概十分之八九是假造的。《韩非子》也只有十分之一二可靠。此外如《管子》、《列子》、《晏子春秋》诸书，是后人杂凑成的。《关尹子》、《鹖冠子》、《商君书》，是后人伪造的。《邓析子》也是假书。《尹文子》似乎是真书，但不无后人加入的材料。《公孙龙子》有真有假，又多错误。这是我们所有的原料。更想到《庄子·天下》篇和《荀子·非十二子》篇、《天论》篇、《解蔽》篇所举它嚣、魏牟、陈仲（即《孟子》之陈仲子）、宋钘（即《孟子》之宋牼）、彭蒙、田骈、慎到（今所传《慎子》五篇是佚文）、惠施、申不害；和王充《论衡》所举的世硕、漆雕开、宓子贱、公孙龙子，都没有著作遗传下来。更想到孔门一脉的儒家，所著书籍，何止大小戴《礼记》里所采的几篇？如此一想，可知中国古代哲学的史料于今所存不过十分之一二。其余的十分之八九，都不曾保存下来。古人称"惠施多方，其书五车"。于今惠施的学说，只剩得一百多个字。若依此比例，恐怕现存的古代史料，还没有十分之一二呢！原著的书既散失了这许多，于今又无发现古书的希望，于是有一班学者，把古书所记各人的残章断句一一搜集成书。如汪继培或孙星衍的《尸子》，如马国翰的《玉函山房辑佚书》。这种书可名为"史料钩沉"，在哲学史上也极为重要。如惠施的五车书都失掉了，幸亏有《庄子·天下》篇所记的十事，还可以考见他的学说的性质。又如告子与宋的书，都不传了，今幸亏有《孟子》的《告子》篇和《荀子》的《正论》篇，还可以考见他们的学说的大概。又如各代历史的列传里，也往往保存了许多中古和近世的学说。例如《后汉书》的《仲长统传》保存了三篇《昌言》；《梁书》的《范缜传》保存了他的《神灭论》。这都是哲学史的原料的一部分。

二、副料　原料之外，还有一些副料，也极重要。凡古人所作关于哲学家的传记、轶事、评论、学案、书目都是哲学史的副料。例如《礼记》中的《檀弓》，《论语》中的十八、十九两篇，《庄子》中的《天下》篇，《荀子》中的《正论》篇，《吕氏春秋》，《韩非子》的《显学》篇，《史记》中各哲学家的列传，皆属于此类。近世文集里有许多传状序跋，也往往可供参考。至于黄宗羲的《明儒学案》及黄宗羲、黄百家、全祖望的《宋元学案》，更为重要的哲学史副料。若古代中世的哲学都有这一类的学案，我们今日编哲学史便不至如此困难了。副料的重要，约有三端，第一、各哲学家的年代、家世、事迹，未必在各家著作之中，往往须靠这种副料，方才可以考见。第二、各家哲学的学派系统，传授源流几乎全靠这种副料作根据。例如《庄子·天下》篇与《韩非子·显学》篇论墨家派别，为他书所无。《天下》篇说墨家的后人，"以坚白同异之辩相訾，以觭偶不仵之辞相应"，可考证后世俗儒所分别的"名家"，原不过是墨家的一派。不但"名家出于礼官之说"不能成立，还可证明古代本无所谓"名家"（说详见本书第八篇）。第三、有许多学派的原著已失，全靠这种副料里面，论及这种散佚的学派，借此可以考见他们的学说大旨。如《庄子·天下》篇所论宋钘、彭蒙、田骈、慎到、惠施、公孙龙、桓团及其他辩者的学说；如《荀子·正论》篇所称宋的学说，都是此例。上节所说的"史料钩沉"，也都全靠这些副料里所引的各家学说。

以上论哲学史料是什么。

史料的审定

中国人作史，最不讲究史料。神话官书，都可作史料，全不问这些材料是否可靠。却不知道史料若不可靠，所作的历史便无信史的价值。孟子说，"尽信书则不如无书"。何况我们生在今日，去古已远，岂可一味迷信古书，甘心受古代作伪之人的欺骗？哲学史最重学说的真相，先后的次序和沿革的线索，若把那些不可靠的材料信为真书，必致（一）失了各家学说的真相；（二）乱了学说先后的次序；（三）乱了学派相承的系统。我且举《管子》一部书为例。《管子》这书，定非管仲所作，乃是后人把战国末年一些法家的议论和一些儒家的议论（如《内业》篇，如《弟子职》篇）和一些道家的议论（如《白心》、《心术》等篇），还有许多夹七夹八的话，并作一书；又伪造了一些桓公与管仲问答诸篇，又杂凑了一些纪管仲功业的几篇，遂附会为管仲所作。今定此书为假造的，证据甚多，单举三条：

（一）《小称》篇记管仲将死之言，又记桓公之死。管仲死于西历前643年。《小称》篇又称毛嫱、西施，西施当吴亡时还在。吴亡在西历前472年，管仲已死百七十年了。此外如《形势解》说"五伯"，《七臣七主》说"吴王好剑，楚王好细腰"，皆可见此书为后人伪作。

（二）《立政》篇说："寝兵之说胜，则险阻不守；兼爱之说胜，则士卒不战。"《立政九败解》说"兼爱"道："视天下之民如其民，视人国如吾国，如是则无并兼攘夺之心。"这明指墨子的学说，远在管仲以后了（《法法》篇亦有求废兵之语）。

（三）《左传》纪子产铸刑书（西历前536），叔向极力反对。过了二十九年，晋国也作刑鼎、铸刑书，孔子也极不赞成（西历前513）。这都在管仲死后一百多年。若管仲生时已有了那样完备的法治学说，何以百余年后，贤如叔向、孔子，竟无一毫法治观念？（或言孔子论晋铸刑鼎一段，不很可靠。但叔向谏子产书，决不是后人能假造的）何以子产答叔向书，也只能说"吾以救世而已"？为什么不能利用百余年前已发挥尽致的法治学说？这可见《管子》书中的法治学说，乃是战国末年的出产物，决不是管仲时代所能突然发生的。全书的文法笔势也都不是老子、孔子以前能产生的。即以论法治诸篇看来，如《法法》篇两次说"《春秋》之记，臣有弑其君，子有弑其父者矣"。可见是后人伪作的了。

《管子》一书既不是真书，若用作管仲时代的哲学史料，便生出上文所说的三弊：（一）管仲本无这些学说，今说他有，便是张冠李戴，便是无中生有。（二）老子之前，忽然有《心术》、《白心》诸篇那样详细的道家学说；孟子、荀子之前数百年，忽然有《内业》那样深密的儒家心理学；法家之前数百年，忽然有《法法》、《明法》、《禁藏》诸篇那样发达的法治主义。若果然如此，哲学史便无学说先后演进的次序，竟变成了灵异记，神秘记了！（三）管仲生当老子孔子之前一百多年，已有那样规模广大的哲学。这与老子以后一步一步、循序渐进的思想发达史，完全不合。故认《管子》为真书，便把诸子学直接间接的渊源系统一齐推翻。

以上用《管子》作例，表示史料的不可不审定。读古书的人，须知古书有种种作伪的理由。第一，有一种人实有一种主张，却恐怕自己的人微言轻，不见信用，故往往借用古人的名字。《庄子》所说的"重言"，即是一种借重古人的主张。康有为称这一种为"托古改制"，极有道理。古人言必称尧舜，只因为尧舜年代久远，可以由我们任意把我们理想中的制度一概推到尧舜的时代。即如《黄帝内经》假托黄帝、《周髀算经》假托周公，都是这个道理。韩非说得好：

> 孔子、墨子俱道尧舜，而取舍不同，皆自谓真尧舜。尧舜不复生，将谁使定儒墨之诚乎？（《显学》篇）

正为古人死无对证，故人多可随意托古改制。这是作伪书的第一类。第二，有一种人为了钱财，有意伪作古书。试看汉代求遗书的令和诸王贵族求遗书的竞争心，便知作假书在当时定可发财。这一类造假书的，与造假古董的同一样心理。他们为的是钱，故东拉西扯，篇幅越多，越可多卖钱。故《管子》、《晏子春秋》诸书，篇幅都极长。有时得了真本古书，因为篇幅太短，不能多得钱，故又东拉西扯，增加许多卷数。如《庄子》、《韩非子》都属于此类。但他们的买主，大半是一些假充内行的收藏家，没有真正的赏鉴本领。

故这一类的假书，于书中年代事实，往往不曾考校正确。因此庄子可以见鲁哀公，管子可以说西施。这是第二类的伪书。大概这两类之中，第一类"托古改制"的书，往往有第一流的思想家在内。第二类"托古发财"的书，全是下流人才，思想既不高尚，心思又不精密，故最容易露出马脚来。如《周礼》一书，是一种托古改制的国家组织法。我们虽可断定他不是"周公致太平"之书，却不容易定他是什么时代的人假造的。至于《管子》一类的书，说了作者死后的许多史事，便容易断定了。

审定史料之法

审定史料乃是史学家第一步根本工夫。西洋近百年来史学大进步，大半都由于审定史料的方法更严密了。凡审定史料的真伪，须要有证据，方能使人心服。这种证据大概可分五种（此专指哲学史料）：

（一）史事　书中的史事，是否与作书的人的年代相符。如不相符，即可证那一书或那一篇是假的。如庄子见鲁哀公，便太前了；如管仲说西施，便太后了。这都是作伪之证。

（二）文字　一时代有一时代的文字，不致乱用，作伪书的人，多不懂这个道理，故往往露出作伪的形迹来。如《关尹子》中所用字："术咒"、"诵咒"、"役神"，"豆中摄鬼、杯中钓鱼、画门可开、土鬼可语"，"婴儿蕊女、金楼绛宫、青蛟白虎、宝鼎红炉"，是道士的话。"石火"、"想"、"识"、"五识并驰"、"尚自不见我，将何为我所"，是佛家的话。这都是作伪之证。

（三）文体　不但文字可作证，文体也可作证。如《管子》那种长篇大论的文体，决不是孔子前一百多年所能作的。后人尽管仿古，古人决不仿今。如《关尹子》中"譬犀望月，月影入角，特因识生，始有月形，而彼真月，初不在角"；又譬如"水中之影，有去有来，所谓水者，实无去来"：这决不是佛经输入以前的文体。不但一个时代有一个时代的文体，一个人也有一个人的文体。如《庄子》中《说剑》、《让王》、《渔父》、《盗跖》等篇，决不是庄周的文体。《韩非子》中《主道》、《扬搉》（今作《扬权》）等篇和《五蠹》、《显学》等篇，明是两个人的文体。

（四）思想　凡能著书立说成一家言的人，他的思想学说，总有一个系统可寻，决不致有大相矛盾冲突之处。故看一部书里的学说是否能连络贯串，也可帮助证明那书是否真的。最浅近的例，如《韩非子》的第一篇，劝秦王攻韩，第二篇，劝秦王存韩，这是绝对不相容的。司马光不仔细考察，便骂韩非请人灭他自己的祖国，死有余辜，岂不是冤煞韩非了！大凡思想进化有一定的次序，一个时代有一个时代的问题，即有那个时代的思想。如《墨子》里《经上、下》、《经说上、下》、《大取》、《小取》等篇，所讨论的问题，乃是墨翟死后百余年才发生的，决非墨翟时代所能提出。因此可知这六篇书决不是墨子自己做的。不但如此，大凡一种重要的新学说发生以后决不会完全没有影响。若管仲时代已有《管子》书中的法治学说，决不会二三百年中没有法治观念的影响。又如《关尹子》说"即吾心中，可作万物"；又说"风雨雷电，皆缘气而生。而气缘心生，犹如内想大火，久之觉热；内想大水，久之觉寒"。这是极端的万物唯心论。若老子关尹子时代已有这种唯心论，决无毫不发生影响之理。周秦诸子竟无人受这种学说的影响，可见《关尹子》完全是佛学输入以后的书，决不是周秦的书。这都是用思想来考证古书的方法。

（五）旁证　以上所说四种证据，史事、文字、文体、思想，皆可叫做内证。因这四种都是从本书里寻出来的。还有一些证据，是从别书里寻出的，故名为旁证。旁证的重要，有时竟与内证等。如西洋哲学史家，考定柏拉图（Plato）的著作，凡是他的弟子亚里士多德（Aristotle）书中所曾称引的书，都定为真是柏拉图的书。又如清代惠栋、阎若璩诸人考证梅氏《古文尚书》之伪，所用方法，几乎全是旁证（看阎若璩《古文尚书疏证》及惠栋《古文尚书考》）。又如《荀子·正论》篇引宋子曰："明见侮之不辱、使人不斗。"又曰："人之情欲寡（欲是动词），而皆以己之情为欲多，是过也。"《尹文子》说："见侮不辱，见推不矜、禁暴息兵，救世之斗。"《庄子·天下》篇合论宋、尹文的学说道："见侮不辱、救民之斗；禁攻寝兵，救世之战。"又说："以禁攻寝兵为外，以情欲寡小为内。"又孟子记宋听见秦楚交战，便要去劝他们息兵。以上四条，互相印证，即互为旁证，证明宋、尹文实有这种学说。

以上说审定史料方法的大概。

今人谈古代哲学，不但根据《管子》、《列子》、《鹖子》、《晏子春秋》、《鹖冠子》等书，认为史料。甚至于高谈"邃古哲学"、"唐虞哲学"，全不问用何史料。最可怪的是竟有人引《列子·天瑞篇》"有太易，有太初，有太始"一段，及《淮南子》"有始者，有未始有有始者"一段，用作"邃古哲学"的材料，说这都是"古说而诸子述之。吾国哲学思想初萌之时，大抵其说即如此！"（谢无量《中国哲学史》第一编第一章，页六。）这种办法，似乎不合作史的方法。韩非说得好：

> 无参验而必之者，愚也。弗能必而据之者，诬也。故明据先王必定尧舜者，非愚即诬也。（《显学篇》）

参验即是我所说的证据。以现在中国考古学的程度看来，我们对于东周以前的中国古史，只可存一个怀疑的态度。至于"邃古"的哲学，更难凭信了。唐、虞、夏、商的事实，今所根据，止有一部《尚书》。但《尚书》是否可作史料，正难决定。梅赜伪古文，固不用说。即二十八篇之"真古文"，依我看来，也没有信史的价值。如《皋陶谟》的"凤皇来仪"，"百兽率舞"，如《金縢》的"天大雷电以风，禾尽偃，大木斯拔。……王出郊，天乃雨，反风。禾则尽起。二公命邦人，凡大木所偃，尽起而筑之，岁则大孰"。这岂可用作史料？我以为《尚书》或是儒家造出的"托古改制"的书，或是古代歌功颂德的官书。无论如何，没有史料的价值。古代的书，只有一部《诗经》可算得是中国最古的史料。《诗经·小雅》说：

> 十月之交，朔日辛卯，日有食之。

后来的历学家，如梁虞𠠇，隋张胄元，唐傅仁均、僧一行，元郭守敬，都推定此次日食在周幽王六年，十月，辛卯朔，日入食限。清朝阎若璩、阮元推算此日食也在幽王六年。近来西洋学者，也说《诗经》所记月日（西历纪元前776年8月29日），中国北部可见日蚀。这不是偶然相合的事，乃是科学上的铁证。《诗经》有此一种铁证，便使《诗经》中所说的国政、民情、风俗、思想，一一都有史料的价值了。至于《易经》更不能用作上古哲学史料。《易经》除去《十翼》，只剩得六十四个卦，六十四条卦辞，三百八十四条爻辞，乃是一部卜筮之书，全无哲学史料可说。故我以为我们现在作哲学史，只可从老子、孔子说起。用《诗经》作当日时势的参考资料。其余一切"无征则不信"的材料，一概阙疑。这个办法，虽比不上别的史家的淹博，或可免"非愚即诬"的讥评了。

整理史料之法

哲学史料既经审定，还须整理。无论古今哲学史料，都有须整理之处。但古代哲学书籍，更不能不加整理的工夫。今说整理史料的方法，约有三端：

（一）校勘 古书经了多少次传写，遭了多少兵火虫鱼之劫，往往有脱误、损坏种种缺点。校勘之学，便是补救这些缺点的方法。这种学问，从古以来，多有人研究，但总不

如清朝王念孙、王引之、卢文弨、孙星衍、顾广圻、俞樾、孙诒让诸人的完密谨严,合科学的方法。孙诒让论诸家校书的方法道,

  综论厥善,大氐以旧刊精校为据依,而究其微恉,通其大例,精研博考,不参成见。其正文字讹舛,或求之于本书,或旁证之他籍,及援引之类书,而以声类通转为之辖键。(《札迻》序)

大抵校书有三种根据:(一)是旧刊精校的古本。例如《荀子·解蔽篇》,"不以己所臧害所将受。"宋钱佃本,元刻本,明世德堂本,皆作"所已臧",可据以改正。(二)是他书或类书所援引。例如《荀子·天论篇》,"修道而不贰。"王念孙校曰:"修当为循。贰当为貣。字之误也。貣与忒同。……《群书治要》作循道而不忒。"(三)是本书通用的义例。例如《墨子·小取篇》,"辟也者,举也物而以明之也。"毕沅删第二"也"字,便无意思。王念孙说:"也与他同。举他物以明此物,谓之譬。……《墨子》书通以也为他。说见《备城门》篇。"这是以本书的通例作根据。又如《小取篇》说:"此与彼同类,世有彼而不自非也。墨者有此而非之,无故也焉。"王引之曰:"无故也焉,当作无也故

焉。也故即他故。下文云，此与彼同类，世有彼而不自非也。墨者有此而罪非之，无也故焉。文正与此同。"这是先用本篇构造相同的文句，来证"故也"当作"也故"；又用全书以也为他的通例来证"也故"即"他故"。

（二）训诂　古书年代久远，书中的字义，古今不同。宋儒解书，往往妄用己意，故常失古义。清代的训诂学，所以超过前代，正因为戴震以下的汉学家，注释古书，都有法度，都用客观的佐证，不用主观的猜测。三百年来，周秦两汉的古书所以可读，不单靠校勘的精细，还靠训诂的谨严。今述训诂学的大要，约有三端：（一）根据古义或用古代的字典（如《尔雅》、《说文》、《广雅》之类），或用古代笺注（如《诗》的毛、郑，如《淮南子》的许、高）作根据，或用古书中相同的字句作印证。今引王念孙《读书杂记余编》上一条为例：

> 《老子》五十三章，"行于大道、唯施是畏。"王弼曰："唯施为之是畏也。"河上公注略同。念孙按二家以"施为"释施字，非也。施读为迆，迆，邪也。言行于大道之中，唯惧其入于邪道也。……《说文》，"迆，衺行也。"引《禹贡》"东迆北会于汇"。《孟子·离娄》篇，"施从良人之所之。"赵注，"施者，邪施而行。"丁公著音迆。《淮南·齐俗篇》，"去非者，非批邪施也。"高

注曰:"施微曲也。"《要略》篇,"接径直施。"高注曰:"施邪也。"是施与迤通。《史记·贾生传》,"庚子日施兮。"《汉书》施作斜。斜亦邪也。《韩子·解老》篇释此章之义曰:"所谓大道也者,端道也。所谓貌施也者,邪道也。"此尤其明证矣。

这一则中引古字典一条,古书类似之例五条,古注四条。这都是根据古义的注书法。(二)根据文字假借、声类通转的道理。古字通用,全由声音。但古今声韵有异,若不懂音韵变迁的道理,便不能领会古字的意义。自顾炎武、江永、钱大昕、孔广森诸人以来,音韵学大兴。应用于训诂学,收效更大。今举二例。《易·系辞传》"旁行而不流。"又《乾·文言》"旁通情也。"旧注多解旁为边旁。王引之说:"旁之言溥也,遍也。《说文》'旁,溥也'。旁、溥、遍一声之转。《周官》男巫曰:'旁招以茅',谓遍招于四方也。《月令》曰:'命有司大难、旁磔',亦谓遍磔于四方也。……《楚语》曰:武丁使以梦象'旁求四方之贤',谓遍求四方之贤也。"又《书·尧典》"汤汤洪水方割";《微子》"小民方兴,相为敌仇";《立政》"方行天下,至于海表";《吕刑》"方告无辜于上"。旧说方字都作四方解。王念孙说:"方皆读为旁。旁之言溥也,遍也。《说文》曰:'旁,溥也。'旁与方古字通（《尧典》"共工方鸠僝功"，《史记》引作旁。《皋陶谟》，"方施象刑惟明"，新序引作旁）。《商颂》'方命厥后'，郑笺曰：'谓遍告诸侯。'是方为遍也。……'方告无辜于上'，《论衡·变动篇》引此，方作旁，旁亦遍也。"以上两例说方旁两字皆作溥、遍解。今音读方为轻唇音，旁为重唇音。不知古无轻唇音，故两字同音，相通。与溥字、遍字，皆为同纽之字。这是音韵学帮助训诂学的例。（三）根据文法的研究。古人讲书最不讲究文法上的构造，往往把助字、介字、连字、状字等都解作名字、代字等等的实字。清朝训诂学家最讲究文法的，是王念孙王引之父子两人。他们的《经传释词》用归纳的方法，比较同类的例句，寻出各字的文法上的作用，可算得《马氏文通》之前的一部文法学要书。这种研究法，在训诂学上别开一新天地。今举一条例如下：

> 《老子》三十一章，"夫佳兵者不祥之器。"《释文》"佳、善也。"河上云："饰也。"念孙案，善饰二训，皆于义未安。……今案佳字当作隹字之误也。隹，古唯字也。唯兵为不祥之器，故有道者不处。上言"夫唯"，下言"故"，文义正相承也。八章云："夫唯不争，故无尤。"十五章云："夫唯不可识，故强为之容。"又云："夫唯不盈。故能蔽不新成。"二十二章云：

"夫唯不争，故天下莫能与之争。"皆其证也。古钟鼎文，唯字作佳。石鼓文亦然。又夏竦《古文四声韵》载《道德经》唯字作䧹。据此则今本唯者，皆后人所改。此佳字若不误为佳，则后人亦必改为唯矣。（王念孙《读书杂志余篇》上）

以上所述三种根据，乃是训诂学的根本方法。

（三）贯通　上文说整理哲学史料之法，已说两种。校勘是书的本子上的整理，训诂是书的字义上的整理。没有校勘，我们定读误书；没有训诂，我们便不能懂得书的真意义。这两层虽极重要，但是作哲学史还须有第三层整理的方法。这第三层，可叫做"贯通"。贯通便是把每一部书的内容要旨融会贯串，寻出一个脉络条理，演成一家有头绪有条理的学说。宋儒注重贯通，汉学家注重校勘训诂。但是宋儒不明校勘训诂之学（朱子稍知之，而不甚精），故流于空疏，流于臆说。清代的汉学家，最精校勘训诂，但多不肯做贯通的工夫，故流于支离碎琐。校勘训诂的工夫，到了孙诒让的《墨子闲诂》，可谓最完备了（此书尚多缺点，此所云最完备，乃比较之辞耳）。但终不能贯通全书，述墨学的大恉。到章太炎方才于校勘训诂的诸子学之外，别出一种有条理系统的诸子学。太炎的《原道》、《原名》、《明见》、《原墨》、《订孔》、

《原法》、《齐物论释》都属于贯通的一类。《原名》、《明见》、《齐物论释》三篇，更为空前的著作。今细看这三篇，所以能如此精到，正因太炎精于佛学，先有佛家的因明学、心理学、纯粹哲学，作为比较印证的材料，故能融会贯通，于墨翟、庄周、惠施、荀卿的学说里面，寻出一个条理系统。于此可见整理哲学史料的第三步，必须于校勘训诂之外，还要有比较参考的哲学资料。为什么呢？因为古代哲学去今太远，久成了绝学。当时发生那些学说的特别时势，特别原因，现在都没有了。当时讨论最激烈的问题现在都不成问题了。当时通行的学术名词，现在也都失了原意了。但是别国的哲学史上，有时也会发生那些问题，也曾用过那些名词，也曾产出大同小异或小同大异的学说。我们有了这种比较参考的材料，往往能互相印证，互相发明。今举一个极显明的例。《墨子》的《经上、下》、《经说上、下》、《大取》、《小取》六篇，从鲁胜以后，几乎无人研究。到了近几十年之中，有些人懂得几何算学了，方才知道那几篇里有几何算学的道理。后来有些人懂得光学力学了，方才知道那几篇里又有光学力学的道理。后来有些人懂得印度的名学心理学了，方才知道这几篇里又有不少知识论的道理。到了今日，这几篇二千年没人过问的书，竟成中国古代的第一部奇书了！我做这部哲学史的最大奢望，在于把各家的哲学融会贯通，要使他们各成有头绪条理的学说。我所用的比较参证的材料，便是西洋的哲学。但是我虽用西洋哲学作参考资料，并不以为中国古代也有某种学说，便可以自夸自喜。做历史的人，千万不可存一毫主观的成见。须知东西的学术思想的互相印证，互相发明，至多不过可以见得人类的官能心理大概相同，故遇着大同小异的境地时势，便会产出大同小异的思想学派。东家所有，西家所无，只因为时势境地不同。西家未必不如东家，东家也不配夸炫于西家。何况东西所同有，谁也不配夸张自豪。故本书的主张，但以为我们若想贯通整理中国哲学史的史料，不可不借用别系的哲学，作一种解释演述的工具。此外别无他种穿凿附会、发扬国光、自己夸耀的心。

史料结论

以上论哲学史料：先论史料为何，次论史料所以必须审定，次论审定的方法，次论整理史料的方法。前后差不多说了一万字。我的理想中，以为要做一部可靠的中国哲学史，必须要用这几条方法。第一步须搜集史料，第二步须审定史料的真假，第三步须把一切不可信的史料全行除去不用，第四步须把可靠的史料仔细整理一番：先把本子校勘完好，次把字句解释明白，最后又把各家的书贯串领会，使一家一家的学说，都成有条理有统系的哲学。做到这个地位，方才做到"述学"两个字。然后还须把各家的学说，笼统研究一番，依时代的先后看他们传授的渊源，交互的影响，变迁的次序：这便叫做"明变"。然后研究各家学派兴废沿革变迁的原故：这便叫做"求因"。然后用完全中立的眼光，历史的观念，一一寻求各家学说的效果影响，再用这种种影响效果来批评各家学说的价值：这便叫做"评判"。

这是我理想中的《中国哲学史》，我自己深知道当此初次尝试的时代，我这部书定有许多未能做到这个目的和未能谨守这些方法之处。所以，我特地把这些做哲学史的方法详细写出。一来呢，我希望国中学者用这些方法来评判我的书；二来呢，我更希望将来的学者用这些方法来做一部更完备更精确的《中国哲学史》。

参考书举要：

论哲学史，看 Windelband's A History of Philosophy（页八至十八）。

论哲学史料，参看同书（页十五至十七注语）。

论史料审定及整理之法，看 C. V. Langlois and Seignobos's Introduction to the Study of History。

论校勘学,看王念孙《读淮南子杂志叙》(《读书杂志》九之二十二)及俞樾《古书疑义举例》。论西洋校勘学,看 Encyclopaedia Britannica 中论 Textual Criticism 一篇。论训诂学,看王引之《经义述闻》卷三十一及三十二。